Arthur Thömmes

Produktive
Arbeitsphasen

100 Methoden
für die Sekundarstufe

Verlag an der Ruhr

Impressum

Titel
Produktive Arbeitsphasen
100 Methoden für die Sekundarstufe

Autor
Arthur Thömmes

Illustrationen
Magnus Siemens u.a.

Verlag an der Ruhr
Mülheim an der Ruhr
www.verlagruhr.de

Geeignet für die Klassen 5–13

Unser Beitrag zum Umweltschutz:
Wir sind seit 2008 ein ÖKOPROFIT®-Betrieb und setzen uns damit aktiv für den
Umweltschutz ein. Das ÖKOPROFIT®-Projekt unterstützt Betriebe dabei, die Umwelt
durch nachhaltiges Wirtschaften zu entlasten.
Unsere Produkte sind grundsätzlich auf chlorfrei gebleichtes und nach Umweltschutz-
standards zertifiziertes Papier gedruckt.

© **Verlag an der Ruhr 2007**
ISBN 978-3-8346-0325-8

Printed in Germany

Inhaltsverzeichnis

Inhaltsverzeichnis

3 Methoden für die Präsentation 117

Liebe Kollegen*,

in den beiden Methodenbüchern „Produktive Unterrichtseinstiege" und „Unterrichtseinheiten erfolgreich abschließen" habe ich Unterrichtsmethoden für den Anfang und den Abschluss einer Unterrichtsstunde bzw. -einheit zusammengestellt. Was noch fehlte, war das Pendant für die **Hauptphase des Unterrichts,** in der die Lerninhalte, das Stunden- oder Reihenthema, erarbeitet werden. Die Methoden in diesem Buch schließen diese Lücke. Sie liefern eine Vielzahl erprobter Möglichkeiten, wie sich die Arbeitsphase im Unterricht kreativ und abwechslungsreich gestalten lässt.

Wie ist das Buch aufgebaut?

Im **ersten Kapitel** werden Methoden vorgestellt, mit deren Hilfe Schüler **Ideen** entwickeln und Informationen zum jeweiligen Unterrichtsgegenstand finden können. Damit bereiten sie weitestgehend selbstständig die Wissensgrundlage für die Arbeitsphasen vor.

Das **zweite Kapitel** bildet den Schwerpunkt des Buches. Hier stehen die **Methoden der Informationsverarbeitung** im Mittelpunkt. Die Jugendlichen sind heute von multimedialen Informationsquellen umgeben, allen voran das Fernsehen und das Internet. Sie müssen daher so früh wie möglich lernen, sich die Fülle der heute verfügbaren Informationen zu Nutze zu machen. Diese Fähigkeiten sollte die Schule heute v.a. in der Arbeitsphase des Unterrichts trainieren.

In diesem Buch wird davon ausgegangen, dass die Darstellung der erarbeiteten Information nicht ein optionaler, sondern ein notwendiger Bestandteil der Arbeitsphase ist. Aus diesem Grund stellt das **dritte Kapitel** methodische Möglichkeiten der **Präsentation** vor. Die Schüler stellen durch diese Methoden Wissen so dar, dass es auch von anderen verstanden und genutzt werden kann.

---

* Aus Gründen der besseren Lesbarkeit haben wir in diesem Buch durchgehend
die männliche Form verwendet. Natürlich sind damit auch immer Frauen und
Mädchen gemeint, also Lehrerinnen, Schülerinnen etc.

Wie werden die Methoden dargestellt?

Die Methoden werden in knapper Form mit Hinweisen auf Alter, Dauer, Ziel, Variationsmöglichkeiten und Material vorgestellt. Sie können fächerunabhängig an jede konkrete Unterrichtssituation angepasst werden. Einige Methoden sollen v.a. als Anregung verstanden werden. Sie stellen umfassende Methoden nicht bis ins letzte Detail dar, sondern wollen v.a. eine erste Orientierung bieten und so zur Verwendung dieser Methode motivieren. Ich hoffe, dieses Buch wird für Sie zu einer Fundgrube für Ihren täglichen Unterricht.

Viel Erfolg bei Ihrer Arbeit mit den Methoden wünscht Ihnen

Arthur Thömmes

Methoden für das Sammeln von Ideen und Informationen

Wer lernen soll, braucht Ideen und Informationen!

In den letzten Jahren hat sich unsere Gesellschaft zu einer „**Wissensgesellschaft**" entwickelt, d.h. Wissen ist zu einem wichtigen
Wirtschaftsfaktor geworden. Immer mehr
Berufsbranchen setzen voraus, dass Mitar-
beiter in der Lage sind, selbstständig Informationen zu beschaffen, zu strukturieren
und auszuwerten. An der Spitze aller
modernen Medien steht das Internet, das unsere Art der Informa-
tionsbeschaffung und -verbreitung
revolutioniert hat. Schüler müssen
deshalb **Kompetenzen und Methoden**
erwerben, mit deren Hilfe sie sich die

Informationswelten des Internets zu Nutze machen können: Suchstrategien entwi-
ckeln, zu sammeln, Fakten ordnen und strukturieren, Wichtiges von Unwichtigem
und Richtiges von Falschem unterscheiden – all das kann in der Arbeitsphase
geübt werden.

In diesem Kapitel werden zunächst Methoden vorgestellt, durch die Schüler **Ideen
zu einem Thema** entwickeln können. Der zweite Schwerpunkt des Kapitels liegt
auf Methoden, deren Ziel die erfolgreiche **Informationsrecherche im Internet** ist.
Die Schüler können so die Arbeitsphase nutzen, um in virtuellen Informationsquellen, wie Datenbanken oder Suchmaschinen, die Informationsgrundlage für
ihr Lernen selbstständig zu erarbeiten.

 Alter
10 – 14 Jahre

 Dauer
45 – 90 Minuten

 Material
Flipchart, Pinnwand bzw. Stellwand, Karteikärtchen, Klebestreifen,
Schere, Klebepunkte

 Ziel
- Ideen finden und strukturieren
- Ideen visualisieren
- Ideen, Wertungen und Meinungen austauschen

Beschreibung

Die Moderationsmethode beruht auf drei Prinzipien:
1. Visualisierung der Informationen und Ideen
2. Interaktion des Moderators mit der Gruppe
3. Methodenrepertoire

Zu 1.: Die erarbeiteten Ideen werden für alle sichtbar dargestellt. Als Hilfsmittel
für die Visualisierung können Pinnwände (z.B. Stellwände), Kärtchen, Klebepunkte, Flipcharts u.a. dienen.

Zu 2.: Der Moderator unterstützt die Gruppe bei ihrer Entwicklung von Ideen.
Dafür eignen sich grundsätzlich nur Schüler, denen das Auftreten vor der
Klasse nicht unangenehm ist, und die deshalb diese Rolle freiwillig einnehmen.
Ihre Aufgaben sind vielmehr:
- die Kommunikation in der Gruppe zu fördern und zu steuern
  (ohne sie zu bewerten),
- den Entwicklungsprozess und sein Ergebnis zu visualisieren,
- Stimmungen und Gefühle in der Gruppe erkennen und formulieren,
- dafür sorgen, dass die Gruppe zielorientiert arbeitet.

Zu 3.: Verschiedene Methoden (insbesondere Fragetechniken) stellen die Verbindung zwischen Gruppe, Moderator und Visualisierung her. Folgende Methoden bieten sich an:

- Kartenabfrage: Die Schüler schreiben ihre Äußerungen auf Karten, die dann an eine Pinnwand geheftet werden.
- Information: Textkarten informieren zum Thema.
- Entscheidungsverfahren: Auf Karten werden verschiedene Möglichkeiten vorgegeben, von denen eine ausgewählt werden muss.
- Blitzlicht: Die Schüler äußern sich reihum kurz mit ein bis zwei Sätzen zu einer bestimmten Frage.
- Ein-Punkt-Abfrage: Alle Ideen werden auf eine Flipchartseite geschrieben. Die, die anschließend für gut befunden werden, werden mit einem Klebepunkt markiert.
- Zurufverfahren: Die Schüler äußern ihre Meinungen zu den Ideen mündlich.
- Gewichtungsverfahren: Die Ideen werden nach Priorität geordnet und aufgeschrieben.
- Themenspeicher: Themen, die im Laufe der Arbeit auftauchen, werden z.B. auf einer Flipchart notiert.

Variante

Eine komplexere Variante der Moderationsmethode ist die Metaplan-Methode. Nähere Informationen gibt es auf **www.metaplan.de.**

Hinweis

Sinnvoll ist eine Gruppengröße von maximal 12 Personen.

Alter
10 – 19 Jahre

Dauer
10 – 15 Minuten

Material
Flipchartseite, Notizzettel, Stifte, evtl. Papier im DIN-A4-Format

Ziel
➜ neue Ideen finden
➜ das gesamte Wissen einer Gruppe nutzen

Beschreibung

Ein Thema bzw. eine Problemstellung wird auf einer Flipchartseite notiert. Die Schüler schreiben anschließend ihre spontanen Ideen bzw. Einfälle dazu auf Zettel. Diese werden eingesammelt, ohne Wertung vorgelesen und schließlich ungeordnet an die Flipchartseite geheftet. Anschließend werden sie geordnet, z.B. indem die Schüler Verbindungen zwischen einzelnen Ideen herstellen und durch Linien sichtbar machen. Das so gestaltete Plakat bildet die Grundlage für die Weiterarbeit an dem Thema.

Variante

Ein Thema wird auf einer Flipchartseite notiert, die anschließend die Runde in der Klasse macht. Jeder kann darauf neue Ideen notieren oder bereits geäußerte aufgreifen und erweitern.

Hinweis

Das Notieren aller Ideen, auch der verrücktesten, ist erlaubt. Je mehr Einfälle zusammenkommen, umso interessanter wird die Weiterarbeit.

Alter
10 – 14 Jahre

 Dauer
10 – 15 Minuten

 Material
Tafel

 Ziel
Assoziationen zu einem Thema sammeln

Beschreibung

Der Lehrer notiert das Thema an der Tafel und zeichnet einen Kreis darum.
Um diesen herum skizziert er große Blütenblätter. Darin sollen die Schüler
die Begriffe schreiben, die ihnen zu dem Thema in der Mitte einfallen.

Variante

Bei der Methode „Wörtersonne" wird ebenfalls ein Begriff umkreist. Um den Kreis
herum werden etwa 20 Linien als „Sonnenstrahlen" gezeichnet. Darauf notieren
die Schüler ihre Einfälle zum Thema.

Hinweis

⊡ Durch mehrere Blumen nebeneinander lässt sich ein Thema in mehrere
Teilthemen und Untergebiete aufteilen.

⊡ Sowohl „Wörterblume" als auch „Wörtersonne" sind Abwandlungen des
Clusters (auch Ideenstern, Ideenigel etc. genannt). Allerdings sind, je nach
Alter der Schüler, die bildhaften Varianten motivierender.

Alter
10 – 19 Jahre

Dauer
10 – 15 Minuten

Material
Assoziationsmandala

Ziel
Ideen sammeln mit Hilfe eines Mandalas

Beschreibung

In die Mitte des Mandalas wird das Hauptthema der Stunde geschrieben. Zunächst werden Ideen dazu gesucht. Die gefundenen Begriffe oder Sätze werden in die vier Quadrate geschrieben, die das zentrale Kästchen in der Mitte umgeben. In die umliegenden acht Felder werden weitere Assoziationen zu den Unterthemen notiert.

Variante

Die Schüler zeichnen zunächst eigene Mandalas mit unterschiedlichen geometrischen Elementen. Dabei achten sie auf die Symmetrie. Je nach Anzahl der gewählten Unterthemen entstehen so Kreise, Quadrate oder andere Formen.

Hinweis

Mandalas aus geometrischen Formen, die symmetrisch angeordnet sind, eignen sich besonders gut für das assoziative Schreiben. Sie ermöglichen durch ihre Struktur eine Einteilung in Ober- und Unterthemen.

 Alter
10 – 19 Jahre

 Dauer
20 – 30 Minuten

 Material
Buchstabensteine (mehrere Sets – je nach Gruppenanzahl)

 Ziel
spielerisch Ideen finden

Beschreibung

Ein Thema bzw. ein Begriff wird – nach dem Vorbild des bekannten Brettspiels Scrabble – mit Buchstabensteinen gelegt. Dann werden mehrere Gruppen gebildet, die je ein Set Buchstabensteine erhalten. Jedes Team legt nun die Begriffe, die ihm zum Thema einfallen, mit den Buchstabensteinen an das Ausgangswort an. Am Schluss vergleichen die Gruppen ihre Assoziationen miteinander.

Variante

Die einzelnen Buchstaben erhalten verschiedene Punktwerte, und die Gruppen treten gegeneinander in einen Wettbewerb. Wer findet die meisten Begriffe, die etwas mit dem Thema zu tun haben?

Hinweis

Die Methode eignet sich auch, um ein Thema abzuschließen oder zu wiederholen. Dabei erläutern die Schüler die gelegten Wörter.

Alter
14–19 Jahre

Dauer
30–40 Minuten

Material
Kopien des „635"-Formulars (s. S. 18), Stifte

Ziel
➡ innerhalb einer vorgegebenen Zeit Ideen sammeln und strukturieren
➡ Ideen weiterentwickeln

Beschreibung
Der Lehrer gibt das Thema bzw. die Fragestellung vor. 6 Schüler bilden jeweils eine Gruppe. Die Schüler erhalten ein Blatt, das drei Spalten mit jeweils sechs Zeilen enthält („635-Formular"). Anschließend trägt der erste Schüler in der obersten Zeile 3 Ideen ein. Dafür hat er 5 Minuten Zeit. Dann reicht er sein Blatt nach rechts weiter. Sein Nachbar füllt die zweite Zeile mit neuen Ideen, die sich auf die drei ersten beziehen können. Die Blätter machen die Runde, bis alle sechs Zeilen ausgefüllt sind. In einem zweiten Durchlauf kreuzen die Schüler die Ideen, die ihnen am besten gefallen oder die sie am meisten überzeugen, an. So entsteht eine Art Hitparade der Ideen. Der Lehrer stellt am Schluss die Ideen mit den meisten Kreuzen vor.

Variante
Die Methode kann auch in eine „435"- oder „586"-Version umgewandelt werden.

Hinweis
Es müssen nicht unbedingt immer 3 Kästchen ausgefüllt werden. Doppelnennungen können vor der Bewertungsrunde gestrichen werden.

Die 635-Methode

Aufgabe:

Notiere das Thema in der Kopfzeile des Blattes. Überlege dir 3 Ideen zum Thema, und schreibe sie in die erste Zeile der Tabelle. Gib dein Blatt anschließend an deinen rechten Nachbarn weiter. Dieser füllt dann die zweite Zeile mit 3 neuen Ideen aus. So macht das Blatt innerhalb eurer Gruppe die Runde. Jedes Blatt wird also 5 mal weitergegeben, bis die letzte Zeile ausgefüllt ist.

Thema: _____

_____

Idee 1	Idee 2	Idee 3

© Verlag an der Ruhr | Postfach 10 22 51 | 45422 Mülheim an der Ruhr | www.verlagruhr.de | ISBN 978-3-8346-0325-8

Alter
10 – 19 Jahre

 Dauer
mehrere Tage oder Wochen

 Material
Ordner bzw. Notizbuch, Stift

 Ziel
Ideen sammeln

Beschreibung

Im Klassenraum wird ein Ordner, Stehsammler oder ein Notizbuch ausgelegt, zu dem jeder Schüler Zugang hat. Auf der ersten Seite notiert der Lehrer das Thema bzw. die Fragestellung (z.B.: Wie könnten Vorurteile abgebaut werden? Wie verhalten sich Deutsche gegenüber Ausländern?). Die Schüler sollen in den nächsten Tagen oder Wochen ihre Ideen darin aufschreiben oder bereits vorhandene Einfälle kommentieren. Nach Ablauf der vorgegebenen Zeit wird der Ordner eingesammelt, die Ideensammlung ausgewertet und der Klasse vorgestellt.

Variante

▸ Um möglichst viele Einfälle zu sammeln, wird der Ordner an einem Ort aufbewahrt, der für die Schüler immer zugänglich ist (z.B. in der Schublade des Lehrerpultes).

▸ Jeder Schüler schreibt seine Ideen für sich auf (z.B. auf ein Blockblatt oder in ein Notizbuch). Das hat den Vorteil, dass die Schüler spontane Ideen sofort aufschreiben können. Die Notizbücher bzw. beschriebenen Seiten können untereinander ausgetauscht und mit neuen Vorschlägen erweitert werden.

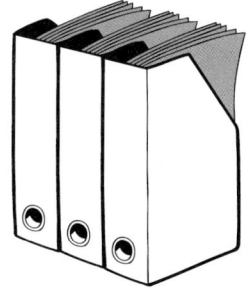

 Alter
14 – 19 Jahre

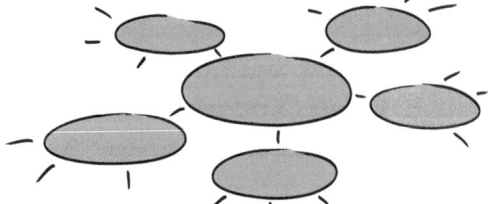

 Dauer
10 – 15 Minuten

 Material
dicke, bunte Stifte bzw. farbige Kreide; Flipchartpapier bzw. Tafel

 Ziel
→ Vorwissen mit neuen Ideen verbinden
→ Gedanken und Gefühle verknüpfen

Beschreibung

Der Lehrer schreibt einen Begriff in die Mitte des Flipchartblattes oder an die Tafel. Darum herum werden die Assoziationen der Schüler (Erfahrungen, Wissen, Gefühle) zu diesem Wort bzw. Satz notiert – ohne sie dabei zu ordnen. Erst in einem zweiten Schritt werden die Begriffe, zwischen denen ein inhaltlicher Zusammenhang besteht, einander zugeordnet und mit Hilfe von Linien miteinander verbunden. Auf diese Weise können auch mehrere Begriffe zu „Ketten" verbunden werden. Durch den Einsatz von Farben werden diese Gruppen von zusammengehörenden Begriffen ihrer Bedeutung entsprechend gekennzeichnet (z.B.: rot = besonders wichtig usw.).

Variante

Durch Clustering können auch schriftliche Notizen auf Karten bzw. Zetteln nach inhaltlichen Kriterien geordnet werden.

Hinweis

→ Um die freie Assoziation nicht zu behindern, sollten die Begriffe möglichst spontan und ohne Bewertung aufgeschrieben werden.
→ Für eine gute Übersicht sollten die Begriffe in Kreise gesetzt werden, um sie auch grafisch eindeutig voneinander abzugrenzen.

Alter
16 – 19 Jahre

Dauer
10 – 20 Minuten

Material
Bilder aus Zeitschriften oder Bilddatenbanken (z.B. **www.pixelio.de**)

Ziel
Problemlösen durch den Einsatz von Bildern

Beschreibung

Im Gegensatz zur Assoziation versucht die Bisoziation bewusst Begriffe zu verbinden, die nach den üblichen Denkmustern nicht zusammengehören. Der Lehrer
formuliert ein Problem bzw. eine Fragestellung und legt anschließend Bilder aus,
die in keinem Zusammenhang dazu stehen. Die Schüler versuchen, eine Verbindung zwischen Fragestellung und Bildern herzustellen. Ihre Ideen dazu notieren
sie. Anschließend überprüft die Klasse gemeinsam, ob die Verknüpfung der
unterschiedlichen Sachebenen bei der Lösung der Frage bzw. des Problems
weiterhelfen kann.

Hinweis

Bei der Entwicklung von Ideen sind auch scheinbar unmögliche und verrückte
Gedankengänge erlaubt.

Gedankenlandkarte

Alter
14 – 19 Jahre

Dauer
20 – 30 Minuten

Material
Flipchartpapier, bunte Stifte

Ziel
➡ Ideen und Themen grafisch darstellen und strukturieren

➡ Ideen hierarchisch gliedern

➡ Zusammenhänge verdeutlichen

Beschreibung
Die Gedankenlandkarte basiert auf dem bekannten Prinzip der Mindmap®. Zunächst wird das Thema oder Problem in der Mitte eines Blattes notiert. Die Schüler notieren die wichtigsten Teilaspekte des Themas am Ende von Linien, die wie Äste vom Zentrum ausgehen. Anschließend denken sie das Problem von dort aus weiter, indem sie versuchen, zu jedem Teilaspekt weitere Unteraspekte zu finden. Die Ergebnisse ihrer Suche werden wieder am Ende von sich verästelnden Linien notiert. So entsteht eine grafische Darstellung von strukturierten Gedanken, die an eine Baumkrone erinnert. Farben, Linien und Symbole machen die einzelnen Elemente der Gedankenkarte noch anschaulicher.

Variante
Zur Darstellung der Ideen können auch Zeichnungen oder Fotos eingesetzt werden.

Hinweis
➡ Mit dieser Methode lassen sich komplexe Sachverhalte übersichtlich gliedern und darstellen. Sie eignet sich daher gut für die Vorbereitung von Referaten, Aufsätzen oder Prüfungen.

➡ Es gibt mittlerweile Programme, mit deren Hilfe solche Landkarten am Computer erstellt werden können, z.B. auf **www.visual-mind.com**

Alter
14–19 Jahre

Dauer
20–30 Minuten

Material
Blätter (DIN-A4-Format), Stifte, Stellwand

Ziel
eine Fragestellung erarbeiten

Beschreibung

Die Schülern bilden Gruppen von je 3–4 Mitgliedern. Jedes Team setzt sich um einen Tisch, in dessen Mitte ein Blatt liegt. Darauf ist in der Mitte ein Kreis und darum 4 Felder, die bis zum Rand des Blattes reichen, gezeichnet. Jedes dieser Felder bietet Platz zum Schreiben für eine Person. Nachdem der Lehrer eine Fragestellung formuliert hat, schreibt jeder Schüler seine Antwort oder seinen Kommentar in eines dieser Felder – ohne dabei zu sprechen. Anschließend wird das Blatt gedreht. Jetzt lautet die Aufgabe, den bereits im Kästchen enthaltenen Text schriftlich zu kommentieren. Nachdem jeder jeweils alle Felder beschriftet hat, werden die Ergebnisse in der Gruppe diskutiert und ausgewertet. Die Schüler einigen sich schließlich auf einen Kernsatz, der ihre Kommentare zusammenfasst, und notieren diesen in der Mitte des Blattes. Die Ergebnisse der Teams werden an eine Stellwand geheftet und von den Gruppensprechern vorgestellt.

Variante

Pro Tisch wird eine andere Fragestellung behandelt. Die Gruppen wechseln nach jeder Schreibrunde die Tische. Erst wenn die Gruppen wieder an ihrem Ausgangstisch angelangt sind, wird der Kernsatz notiert.

Hinweis

Diese Methode verknüpft nach dem Prinzip eines strukturierten Schreibgesprächs die individuelle Auseinandersetzung mit einem Thema mit einem kooperativen Gespräch.

Alter
10 – 19 Jahre

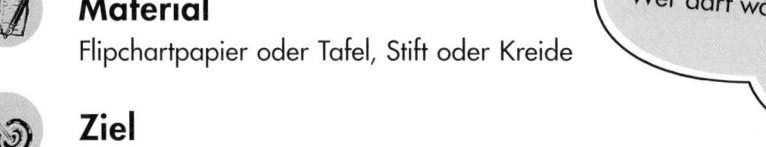

Was machen Abgeordnete?

Wer darf wählen?

Dauer
10 – 15 Minuten

Material
Flipchartpapier oder Tafel, Stift oder Kreide

Ziel
→ Fragen zu einem vorgegebenen Thema formulieren
→ neugierig auf ein Thema machen

Beschreibung

Der Lehrer stellt das Thema vor (z.B. Demokratie). Die Schüler sollen Fragen formulieren, die ihnen dazu einfallen (Bsp.: Was ist Demokratie? Sind in einer Demokratie alle Menschen gleich? Wer schützt die Demokratie? Welche Aufgaben haben die Volksvertreter? usw.) Diese werden auf der Flipchart oder an der Tafel notiert. Anschließend werden die Fragestellungen ihrer Bedeutung nach geordnet. Dabei sollen die Schüler selbst entscheiden, welche Frage sie für besonders wichtig halten. Der Lehrer kann anschließend seinen Unterricht entsprechend dieser Rangfolge planen.

Variante

→ Jeder Schüler versucht, selbstständig Antworten auf seine Frage zu finden (indem er z.B. im Internet recherchiert). Im Laufe der Unterrichtseinheit kann er sich bei Gelegenheit als „Experte" zu Wort melden.
→ Die Schüler notieren ihre Fragen auf Karten. Diese werden anschließend eingesammelt, an eine Stellwand geheftet und geordnet.

Hinweis

Diese Methode schafft Raum für die Fragen und Interessen der Schüler und ermöglicht es ihnen, den Verlauf des Unterrichts mitzugestalten.

Alter
12 – 19 Jahre

Dauer
mehrere Tage bzw. Wochen

Material
Notizblöcke, Stifte, evtl. Kameras oder Tonbandgeräte

Ziel
- ➡ Informationen sammeln
- ➡ Befragungen durchführen

Beschreibung
Auf Grundlage eines konkreten Themas führen die Schüler eine Befragung durch. Dazu bilden sie mehrere Reporterteams. Sie formulieren Fragen zum Thema und überlegen sich, welche Personen für die Interviews in Frage kämen. Es steht ihnen frei, vorab bestimmte Personen auszuwählen (z.B. Bürgermeister, Schulleiter etc.) oder spontan Personen „auf der Straße" zu befragen. Während der Befragung halten die Nachwuchsreporter die Antworten stichpunktartig fest. In einer Redaktionskonferenz werden die Ergebnisse schließlich zusammengetragen und ausgewertet. Alle Teams stellen ihre Ergebnisse vor.

Variante
- ➡ Die Befragungen werden (mit Kameras oder Tonbandgeräten) aufgezeichnet. Anschließend können die Ergebnisse am Computer geschnitten und zu einem multimedialen Meinungsbild zusammengefügt werden.
- ➡ Die Befragungen werden gezielt bei Behörden, Institutionen oder mit Fachleuten durchgeführt.

Hinweis
Die Fragen sollten verständlich formuliert sein. Auch das Ansprechen von fremden Personen sollte vorher geübt werden.

Alter
10 – 19 Jahre

 Dauer
45 – 90 Minuten

 Material
evtl. vorgefertigte Protokollformulare

 Ziel
→ Fachinformationen einholen
→ Wissen erweitern
→ eigenständig Fragen entwickeln

Beschreibung

Bei dieser Methode holen die Schüler Informationen zu einem Thema ein, indem sie Experten außerhalb der Schule befragen. Die Fragen, die sie den Experten stellen möchten, bereiten sie im Unterricht vor. Sie sollten klar und auf die Sache bezogen formuliert sein. Beim Besuch der Experten in der Klasse moderiert der Lehrer oder ein Schüler die Befragung. Dabei sollte darauf geachtet werden, dass der Gast auf die Fragen der Schüler eingeht und seine Antworten für alle verständlich sind. Protokollanten halten die Ergebnisse der Befragung schriftlich fest. Die ausgewerteten Protokolle bilden die Grundlage für die Weiterarbeit mit dem Thema.

Variante

→ Verschiedene Gruppen sind für unterschiedliche Themenbereiche zuständig und entwickeln dazu Fragen, die sie anschließend auch selbst stellen.

Hinweis

→ Der Experte sollte vor dem Treffen mit den Schülern Informationen zu Thema, zeitlichem Rahmen und Ort erhalten. Evtl. könnte er die Fragen schon vorab erhalten, um sich darauf besser vorbereiten zu können.

→ Zur Auswertung der Befragung ist eine Aufzeichnung mit Tonbandgerät oder Kamera sinnvoll. Dazu muss der Experte allerdings vorab sein Einverständnis geben.

Alter
14–19 Jahre

 Dauer
90–135 Minuten

 Material
Arbeitsblatt mit Fallbeispiel, Informationsquellen (Bücher, Zeitschriften, Internet usw.), Papier, Stifte, Folien, Flipchart

 Ziel
➡ sich in Problemstellungen einarbeiten
➡ Lösungsmöglichkeiten entwickeln
➡ Sachzusammenhänge und Lerninhalte erarbeiten

Beschreibung

Auf der Grundlage eines Fallbeispiels sollen die Schüler ein Thema diskutieren und Lösungsstrategien entwickeln. Sie bearbeiten und analysieren das Problem unter Zuhilfenahme von Sachinformationen aus Zeitungsartikeln, Internet, Büchern usw. und suchen nach möglichst vielen Lösungsmöglichkeiten. Anschließend stellen sie ihre Ergebnisse vor. Nachdem die Schüler die Vor- und Nachteile der einzelnen Lösungsansätze diskutiert haben, entscheiden sie sich für eine Variante und vergleichen sie mit der realen Lösung des Fallbeispieles. Im weiteren Unterrichtsverlauf kann das Thema nun vertieft werden.

Variante

Die Schüler arbeiten in Teams. Ein Vertreter jeder Gruppe trägt die Ergebnisse im Plenum vor und diskutiert sie mit den anderen Gruppensprechern. Gemeinsam einigt man sich im Plenum auf eine Lösung.

Hinweis

➡ Es sollte darauf geachtet werden, dass das Fallbeispiel möglichst realistisch und aktuell ist.
➡ Bei einer Fallstudie gibt es nicht unbedingt nur eine Lösung.

Alter
14 – 19 Jahre

Dauer
4 – 6 Unterrichtsstunden

Material
Fragebogen, Stifte, Computer zur Auswertung

Ziel
→ ein Meinungsbild zu einem Thema erstellen
→ Fragen zu einem Thema entwickeln

Beschreibung

Zunächst wird ein Thema für die Umfrage festgelegt. Die Schüler entscheiden sich für eine Totalerhebung oder eine repräsentative Umfrage und wählen eine Gruppe von Personen aus, die befragt werden soll. Dann entwickeln sie Fragen und erstellen einen Fragebogen (s. Tipps zum Erstellen eines Fragebogens, S. 29). Die Fragebögen werden entsprechend vervielfältigt. Bevor die Umfrage durchgeführt werden kann, muss allerdings eine entsprechende Genehmigung (z.B. der Schulleitung) eingeholt und ein zeitlicher Rahmen vorgegeben werden. Die Umfrageergebnisse werden anschließend von den Schülern ausgewertet und vor der Klasse präsentiert. Sie bilden die Grundlage für die Weiterarbeit mit dem Thema.

Variante

→ Mehrere Gruppen führen Umfragen zu verschiedenen Teilaspekten eines Themas durch.
→ Die Fragebogen werden z.B. an eine Parallelklasse ausgegeben und von den Befragten selbst ausgefüllt.

Tipps zum Erstellen eines Fragebogens

1. **Es gibt zwei Arten von Umfragen:**
   - ➡ Bei einer Totalerhebung wird die Gesamtheit einer überschaubaren Personengruppe befragt (z.B. alle Schüler einer Klasse).
   - ➡ Eine repräsentative Umfrage richtet sich an eine Auswahl von Personen aus einer Gesamtheit, d.h. sie entspricht einer Stichprobe. Die Befragten werden nach dem Zufallsprinzip ausgesucht.

2. **Entsprechend der Antwortmöglichkeit werden folgende Fragen unterschieden:**
   - ➡ Geschlossene Fragen: Hier sind die Antwortmöglichkeiten vorgegeben. Der Befragte muss eine oder mehrere Antworten auswählen. Ein Fragebogen mit geschlossenen Fragen lässt sich relativ einfach auswerten.
   - ➡ Offene Fragen: Der Befragte kann hier seine Antwort in eigenen Worten auszudrücken. Offene Fragen sind schwieriger auszuwerten, da sie geordnet und interpretiert werden müssen.
   - ➡ Alternativfragen: Der Befragte hat nur die Möglichkeit zwischen zwei Antworten (z.B. „Ja" oder „Nein"). Manchmal ist es sinnvoll, hier noch eine dritte Antwortmöglichkeit anzubieten (z.B. „Ich weiß nicht").
   - ➡ Multiple-Choice-Fragen: Der Befragte kann aus einer Liste von Antworten mehrere Möglichkeiten ankreuzen.
   - ➡ Skalenfragen: Dem Befragten wird ein Satz vorgegeben, z.B. „In Stresssituationen reagiere ich hektisch." Diese Aussage bewertet er im Hinblick darauf, inwieweit sie auf ihn zutrifft. Dazu kreuzt er in einer Skala z.B. eines der folgenden Merkmale an: „trifft voll zu", „trifft weitgehend zu", „trifft eher zu" usw. Statt dieser Auswahlmöglichkeiten sind auch Punkte, die eine Zustimmung repräsentieren, möglich (– 3 = völlige Ablehnung; +3 = totale Übereinstimmung).

3. Die Fragen sollten kurz, einfach, konkret und verständlich formuliert sein.

4. Der Fragebogen sollte nicht zu lang sein und eine Bearbeitungszeit von 10 bis 15 Minuten nicht übersteigen.

Internetrecherche

Alter
10 – 19 Jahre

Dauer
45 Minuten

Material
Computer mit Internetzugang, Arbeitsblatt (s. S. 31)

Ziel
→ sich im Internet zurechtfinden
→ Suchmaschinen zielgerichtet nutzen
→ Informationen aus dem Internet bewerten

Beschreibung

Die Schüler versuchen gemeinsam, Regeln für die Recherche mit Hilfe von
Suchmaschinen im Internet zu finden. Dabei helfen folgende Leitfragen:
→ Wie wähle ich sinnvolle Suchbegriffe aus?
→ Wie kann ich meine Suche vorab strukturieren? Wie verhindere ich,
   dass ich mich „verzettele"?
→ Wie bewerte ich die gefundene Information (s. dazu Tipps auf S. 31)?

Gegebenenfalls ergänzt der Lehrer die fehlenden Informationen. Die Schüler
sollten außerdem über die grundsätzliche Struktur des Internets und die Funktion
von Suchmaschinen Bescheid wissen. Anschließend formulieren alle Schüler gemeinsam einen konkreten Rechercheauftrag (z.B. „Findet Informationen über die
Auswirkungen des Klimawandels auf Deutschland.") Damit die Schüler möglichst
zielgerichtet suchen, muss die Aufgabenstellung so genau wie möglich umrissen
sein. Der Lehrer legt den zeitlichen Rahmen für die Recherche fest.
Die Schüler recherchieren nun jeder für sich oder in Gruppen. Die gefundenen
Texte sollen sie genau lesen und die Inhalte mit Hilfe von Lexika etc. überprüfen.
Die Ergebnisse ihrer Suche halten sie schriftlich fest. Abschließend wird die
Recherche ausgewertet, indem alle Teams bzw. Schüler ihre Ergebnisse
miteinander vergleichen und gegenseitig beurteilen.

Damit du im Internet wirklich nur brauchbare Informationen aufspürst, solltest du, bevor du mit der Suche beginnst, folgende Fragen für dich beantworten:

➡ Weiß ich genau, zu welchem Thema bzw. welcher Fragestellung Informationen beschafft werden sollen?
❑ Ja   ❑ Nein

➡ Kann ich das Thema, z.B. durch Mindmapping, vorab strukturieren?
❑ Ja   ❑ Nein

➡ Weiß ich, wofür die Rechercheergebnisse benötigt werden?
❑ Ja   ❑ Nein

➡ Weiß ich, wie die Rechercheergebnisse dokumentiert und präsentiert werden sollen?
❑ Ja   ❑ Nein

Konntest du all diese Fragen mit Ja beantworten, kannst du mit der Suche beginnen. Die folgenden Tipps helfen dir dabei:

1. **Entscheide dich zunächst für eine Suchmaschine, eine Meta-Suchmaschine oder einen Internetkatalog.** Meta-Suchmaschinen fragen mehrere Suchmaschinen gleichzeitig ab, Internetkataloge bieten Linksammlungen zu bestimmten Themenbereichen an.

Suchmaschine	Meta-Suchmaschine	Beispiele für Internetkataloge
www.altavista.de	www.metager.de	www.yahoo.de
www.google.de	www.metacrawler.de	www.web.de
www.fireball.de		

2. **Verliere dich nicht in Details, sondern suche strukturiert und effektiv:** Überlege dir, wonach du genau suchst. Formuliere auf Grundlage des Themas bzw. der Fragestellung einen oder mehrere Schlüsselbegriffe (z.B.: Klima + Deutschland) und Phrasen (mehrere zusammenhängende Wörter; z.B. „französische Revolution") , sodass deine Suche etwa fünf Internetseiten ergibt, die für deinen Informationsgewinn relevant sind.

© Verlag an der Ruhr | Postfach 10 22 51 | 45422 Mülheim an der Ruhr | www.verlagruhr.de | ISBN 978-3-8346-0325-8

3. Treffe eine Vorauswahl an Seiten:
Leider ist längst nicht alles, was eine Suchmaschine im Internet findet, für deine Suche von Bedeutung. Um eine Vorauswahl zu treffen, überfliege zunächst die Inhalte der im Suchmaschinenindex aufgeführten Seiten. Falls du sie für bedeutsam hältst, lies die Seite genauer durch, und beurteile, ob die darauf angebotenen Informationen zu deiner Fragestellung passen.

4. Überprüfe den Inhalt der Seiten:
Wenn du einige Seiten ausgewählt hast, überprüfe sie auf:
a) Glaubwürdigkeit
b) Aktualität
c) Richtigkeit

Um die Seiten auf die oben genannten Kriterien hin zu überprüfen, solltest du folgende Fragen beantworten:

→ Wer ist verantwortlich für die Webseite (Privatperson, Organisation)?
→ Gibt es ein Quellenverzeichnis und ein Impressum?
→ Wird das Thema von verschiedenen Seiten beleuchtet (pro und kontra)?
→ Sind die Informationen objektiv und sachlich, oder handelt es sich um persönliche Deutungen?
→ Lassen sich die Daten zumindest teilweise überprüfen? (Dazu kannst du auch andere Quellen, wie Lexika, Wörterbücher, Fachbücher, zu Rate ziehen.)
→ Sind die Informationen aktuell?

5. Lasse dich nicht vom schönen Schein täuschen:
Auch optisch sehr ansprechende Seiten können inhaltliche Fehler, Mutmaßungen statt Fakten oder Werbung, die sich als Sachtext tarnt, enthalten. Achte auch bei sehr professionell wirkenden Seiten genau auf den Inhalt und die unter Punkt 4 genannten Kriterien.

© Verlag an der Ruhr | Postfach 10 22 51 | 45422 Mülheim an der Ruhr | www.verlagruhr.de | ISBN 978-3-8346-0325-8

6. Sei vorsichtig bei weiterführenden Links auf den gefundenen Seiten:
Häufig verweisen Seiten auf weitere Seiten mit ähnlichem Inhalt, d.h. sie enthalten Hyperlinks, die man sofort aufrufen kann. Lasse dich nicht dazu verführen, von Seite zu Seite zu klicken, sonst kommst du evtl. vom Thema ab und verlierst wertvolle Zeit.

7. Unterschiedliche Suchmaschinen – unterschiedliche Trefferlisten:
Das Internet lässt sich mit Hilfe von Suchmaschinen nach Texten, in denen z.B. bestimmte Begriffe oder Sätze vorkommen, durchsuchen. Die Ergebnisse werden als Trefferliste dargestellt. Jede Suchmaschine bewertet dabei selbstständig die Relevanz des Textes im Hinblick auf die Suchanfrage. Dabei ist es nicht ungewöhnlich, dass unterschiedliche Suchmaschinen zu unterschiedlichen Suchergebnissen kommen.

8. Vergiss „Copy and paste":
Reines Kopieren (copy) und Einfügen (paste) von Textpassagen aus dem Internet in deinen Text ist verboten. Es führt häufig dazu, dass eine Information, die nicht richtig oder sprachlich unpassend ist, übernommen wird. Zeige, dass du in der Lage bist, die gefundene Information selbst zu formulieren. Fasse sie mit eigenen Worten zusammen. Gelegentliche Zitate sind erlaubt – sie müssen jedoch gekennzeichnet werden.

© Verlag an der Ruhr | Postfach 10 22 51 | 45422 Mülheim an der Ruhr | www.verlagruhr.de | ISBN 978-3-8346-0325-8

Alter
14 – 19 Jahre

 Dauer
variabel, je nach Aufgabenstellung

 Material
Computer mit Internetzugang und Druckmöglichkeit

 Ziel
im Internet nach Zeitungsartikeln zu einem aktuellen Thema suchen

Beschreibung

Diese Methode orientiert sich an der vorherigen, da sie ebenfalls das Internet als Informationsmedium nutzt. Allerdings liegt hier der Schwerpunkt der Recherche auf den aktuellen Internetseiten von Zeitungen und Zeitschriften sowie ihren On-line-Archiven. Medienexperten sehen in diesen Online-Ausgaben von Zeitungen bereits heute die Zukunft der Printmedien. Die Schüler sollen deshalb diese spe-zifischen Informationsquellen im Netz kennen und nutzen lernen. Dazu gibt der Lehrer einen bestimmten Rechercheauftrag vor, z.B.: „Findet Zeitungsartikel zur Energiepolitik der Regierung, die nicht älter als 3 Monate sind." Dann wird das Vorgehen im Plenum besprochen. Dabei helfen folgende Leitfragen:

- → Welche Internetseiten bzw. Zeitungen gelten als seriös?
- → Wie sind diese Seiten aufgebaut?
- → Welche Suchfunktionen enthalten sie?
- → Welche Suchbegriffe sind sinnvoll?
- → Wie lassen sich die Inhalte auf ihre Richtigkeit hin überprüfen?

Die Schüler recherchieren anschließend in Gruppen auf den Internetseiten von Tages-, Wochen- oder Fachzeitschriften. Zunächst sucht jedes Teammitglied ca. 30 Minuten für sich nach passenden Texten. Anschließend werden die Ergebnisse der Einzelsuche innerhalb der Gruppe besprochen und verglichen. Dabei sollten die Schüler folgende Fragen an die Texte richten:

⇥ Worin unterscheiden sie sich?

⇥ Aus welchem Blickwinkel wird die Information dargestellt?

⇥ Sind die Inhalte auf ihre Richtigkeit hin überprüfbar?

Aus der Vielzahl der Texte wählt dann jedes Team 5 Artikel aus und präsentiert sie anschließend der Klasse. Dabei erläutert es die Gründe für seine Auswahl und den genauen Ablauf der Recherche.

Variante

Die Internetpräsenzen von Zeitungen und Zeitschriften bieten häufig die Möglichkeit, die Artikel nach dem Vorbild des Leserbriefes zu kommentieren. Die Schüler schreiben zu einem ausgewählten Artikel einen Kommentar und veröffentlichen ihn auf der Internetseite.

Hinweis

⇥ Auf **www.glist.com/zeitungen.html** sind die Online-Adressen aller deutschen Zeitungen aufgelistet.

⇥ Auf **www.subito-doc.de** können (allerdings kostenpflichtig) Kopien von Zeitschriftenaufsätzen angefordert werden.

⇥ Auf **http://zdb-opac.de** können die Zeitschriftendatenbanken deutscher Bibliotheken durchsucht werden.

⇥ Die Suchmaschine Google News **(http://news.google.de)** durchsucht bei einer Anfrage 700 ständig aktualisierte Nachrichtenquellen.

Alter
10 – 19 Jahre

Dauer
45 – 90 Minuten

Material
Handbücher, Lexika, (elektronische) Enzyklopädien,
Computer mit Internetzugang

Ziel
Suchstrategien entwickeln und anwenden

Beschreibung

Die Schüler lernen, in Handbüchern, Lexika oder Online-Enzyklopädien gezielt
nach Informationen zu suchen. Dazu legt der Lehrer unterschiedliche Nachschlagewerke (z.B. Brockhaus, Meyers Universallexikon etc.) aus. Zusätzlich können
die Schüler in elektronischen Enzyklopädien (Microsoft Encarta, Brockhaus multi-
medial) oder im Internet recherchieren. Diese Methode orientiert sich deshalb in
Grundzügen an der vorherigen, legt aber den Schwerpunkt auf die Recherche
in Nachschlagewerken – sowohl traditioneller wie auch multimedialer Art. Ausgangspunkt ist ein vorgegebener Rechercheauftrag (z.B.: Informiert euch über
die Merkmale der Romantik in der Musik.) Die Schüler sollen sich zunächst
einen Überblick über die verfügbaren Informationen verschaffen.
Dabei helfen folgende Leitfragen:

- → Was unterscheidet die unterschiedlichen Nachschlagewerke?
- → Wie wird die Information jeweils dargestellt?
- → Wie lässt sich die Richtigkeit der Information überprüfen?

Daraus entwickeln die Schüler gemeinsam eine verfeinerte Suchstrategie. Im
Plenum klären sie mit dem Lehrer dazu folgende Fragen: Wie finde ich das passende Nachschlagewerk für meine Suche? Wie wähle ich sinnvolle Suchkriterien
aus? Wie kann ich die Qualität der gefundenen Information beurteilen? Anschließend dehnt jeder Schüler selbstständig Schritt für Schritt seine Recherche aus.

Die gefundenen Informationen aus verschiedenen Quellen werden in der Klasse zum Abschluss miteinander verglichen, beurteilt und bewertet. Dabei sollen die Schüler auch die Zusammenhänge zwischen den einzelnen Wissensgebieten herausstellen. Je nach Leistungsfähigkeit der Klasse, kann der Lehrer die Zwischenergebnisse der Recherchen abfragen, um sicherzustellen, dass die Schüler sich nicht verzetteln.

Variante
Die Schüler stellen ihre Suchergebnisse in Form einer Mindmap® dar.

Hinweis
Hilfreich für den Unterricht sind außerdem fachbezogene Nachschlagewerke, z.B. Fischers Weltalmanach (geografische Daten), Der Mensch (medizinische bzw. biologische Daten), 3D-Atlas des Universums (astronomische Daten).

Nachschlagewerke im Internet

www.wikipedia.de	Wikipedia ist ein kostenloses Lexikon im Internet, das Artikel in mehr als 100 Sprachen enthält. Die Korrektheit der Inhalte ist jedoch nicht immer gewährleistet.
www.lexikon.meyers.de	Hier können kostenlos über 150 000 Stichwörter nachgeschlagen werden.
www.wissen.de	Hier findet der Nutzer Zugang u.a. zu Lexikon-Definitionen, ausführlichen Hintergrunddarstellungen und multimedialen Inhalten.
www.weltalmanach.de	Im Fischer Weltalmanach lassen sich Daten zu allen Staaten der Welt und aktuelle Informationen, z.B. über die politischen Entwicklungen in bestimmten Ländern, abfragen.
www.wikibooks.org	Die Wikipedia-Schwester bietet eine umfangreiche Lehrbuch-Bibliothek, die im Internet frei nutzbare Lehrbücher und andere Lern- und Lehrmaterialien anbietet.
www.encarta.msn.com	Die Online-Version der elektronischen Enzyklopädie Encarta bietet umfassende schul- und studienrelevante Inhalte für Lernende jeden Alters. Das Volltextangebot ist allerdings kostenpflichtig.
www.philosophenlexikon.de	Hier erhält der Nutzer umfassende Informationen aus dem Bereich der Philosophie.

Links zu weiteren Enzyklopädien, Lexika und Wörterbüchern gibt es außerdem hier:
www.studentenpilot.de/studieninhalte/lexika/

Alter
14 – 19 Jahre

Dauer
variabel, je nach Aufgabenstellung

Material
Notizblock, Stift

Ziel
→ nach Fachliteratur in einer Bibliothek suchen
→ Suchroutinen einüben

Beschreibung

Die meisten Büchereien bieten Führungen an, die sich speziell an Schüler richten.
Dabei erläutert das Fachpersonal Aufbau und Inhalt der Büchersammlung sowie
die Suche nach Titeln und Themen. Es empfiehlt sich, solche Führungen vorab
anzufragen. Wichtig ist v.a., dass die Schüler eine umfassende Einführung in
die Recherchemöglichkeiten in einer Bücherei erhalten.
Dabei sollten folgende Informationen vermittelt werden:

→ Die Bücher in einer Bücherei sind geordnet in Fachbereiche, z.B. Fremdspra-
  chen, Sport, Psychologie usw. Diese sind wiederum in Untergruppen sortiert,
  z.B. Englisch, Ballsport, Entwicklungspsychologie.
→ Hilfe bei der Suche nach bestimmten Themen bietet der systematische Titelka-
  talog. Darin sind alle Bücher einem oder mehreren Schlagworten zugeordnet.
  Durch diese thematische Zuordnung von Büchern lassen sich Bücher über die
  Eingabe eines Stichwortes (z.B. „Gentechnik") auffinden. Die meisten Bibliotheken verfügen mittlerweile über elektronische Kataloge, die über den Computer abgefragt werden können und die Suche nach bestimmten Büchern we-
  sentlich erleichtern. Nach Eingabe z.B. der Begriffe „Gedichte" und „Barock"
  in die Suchmaske, werden alle Titel, die unter beiden Begriffen verschlagwor-
  tet wurden, mit ihrer Signatur aufgelistet.

Literatursuche in der Bibliothek

➡ Jedem Buch ist eine einmalige Nummer – und Buchstabenkombination – die Signatur – zugewiesen. Mit Hilfe der Signatur, die auf die verschiedenen Bereiche der Bibliothek verweist, lässt sich der Standort des Buches leicht finden.

➡ Der Klappentext, das Inhaltsverzeichnis und das Vorwort geben schnell Aufschluss darüber, ob das Buch die gesuchten Informationen enthält. Die Führung in der Bibliothek sollte damit abgeschlossen werden, dass die

Schüler einen konkreten Suchauftrag zu einem Thema erhalten, z.B.: „Findet Bücher zum Thema ‚Doping im Leistungssport'." Die Ergebnisse der Literatursuche werden anschließend ausgewertet und besprochen. Dabei helfen folgende Leitfragen: Wie unterscheiden sich die gefundenen Bücher voneinander? Aus welchem Blickwinkel wird die Information dargestellt?
Die Schüler sollten v.a. die Richtigkeit der gefundenen Informationen überprüfen, indem sie die Inhalte unterschiedlicher Bücher miteinander vergleichen.

Methoden für die Informationsverarbeitung

Das Beschaffen von Information ist nur der erste Schritt – ihre erfolgreiche Verarbeitung ist die nächste – und entscheidende – Etappe auf dem Weg zu neuem Wissen. Der **Prozess der Informationsverarbeitung** wird von vielen unterschiedlichen Faktoren beeinflusst (z.B. Vorwissen oder Wahrnehmung) und lässt sich durch bestimmte **Methoden oder Techniken** unterstützen.

Texte sind in unserer Gesellschaft traditionell die wichtigste Form der Vermittlung von Information. **Lesen** ist die Fähigkeit, die wir beherrschen müssen, damit wir diese Information aufnehmen und verarbeiten können. Schritt für Schritt macht sich der Leser den Inhalt des Textes begreifbar. Dabei gilt: Je größer das Textverständnis, desto zügiger und gründlicher kann die „erlesene" Information verarbeitet werden. Ein Schwerpunkt der Methoden im folgenden Kapitel liegt also auf dem **konzentrierten Lesen von Texten,** ein anderer auf dem **aktivem Zuhören,** das ebenfalls ein wichtiger Aspekt erfolgreicher Informationsverarbeitung ist.

Da Informationen aber nicht nur in Form von schriftlichen oder mündlichen Texten weitergegeben werden, lernen die Schüler durch die Methoden in diesem Kapitel auch, wie sie andere Medien, wie Filmen, Liedern oder Bildern, Informationen entnehmen und diese zu Wissen verarbeiten können. Zusätzlich vermitteln weitere Methoden, wie Schüler durch Diskussions- und Argumentationsübungen Informationen erfolgreich erarbeiten und vertiefen können.

Alter
10 – 19 Jahre

Dauer
45 Minuten

Material
Textvorlage

Ziel
➡ Lesekompetenz fördern
➡ Lautlesen einüben
➡ einen Text selbstständig erlesen

Beschreibung

Die Schüler erhalten einen Text zum Unterrichtsthema und folgende Aufgabenstellung:

1. Lies den Text ein Mal still durch.
2. Lies ihn ein zweites Mal, und versuche dabei schon, den Text laut zu sprechen.
3. Gehe in einem dritten Durchgang den Text abschnittsweise durch. Übe die Wörter, die schwer auszusprechen sind. Überlege dir, an welcher Stelle des Textes du beim Lesen eine Pause machen solltest und welche Wörter besonders betont werden sollten. Markiere diese Textstellen, z.B. indem du sie unterstreichst.
4. Lest euch zu zweit nacheinander den Text gegenseitig laut vor, und korrigiert jeweils den Vortrag des anderen. Wenn ihr mit dem Text vertraut seid, könnt ihr auch ab und zu aufschauen und Blickkontakt mit den Zuhörern herstellen.

Variante

Für jede Unterrichtsstunde übt jeweils ein Schüler einen kurzen Text ein, den er am Beginn der Stunde laut vorliest.

Hinweis

Wenn ein Text gekonnt vorgelesen wird, ist es für die Zuhörer einfacher, ihn inhaltlich zu erschließen.

Alter
10 – 19 Jahre

Dauer
45 Minuten

Material
Sachbücher zu einem Thema

Ziel
→ das Leseinteresse fördern
→ den Umgang mit Sachliteratur üben
→ sich einen Überblick über ein Themengebiet verschaffen

Beschreibung
Der Lehrer legt unterschiedliche Bücher und Zeitschriften zu einem Themengebiet, z.B. „Lebensraum Wald", aus. Die Schüler sollen sich durch das Schmökern in vielen Büchern einen ersten Überblick über das Thema verschaffen. Jeder Schüler stellt am Schluss eine Leseerkenntnis vor.

Variante
→ Jeder Schüler erhält eine Fragestellung. Die Antwort darauf versucht er durch das selbstständige Lesen zu finden.
→ Die Schüler besuchen eine Bibliothek und lesen dort in Fachbüchern zu einem Unterrichtsthema (s. Methode Nr. 20, S. 39).

Hinweis
Lexika und andere Nachschlagewerke können das Angebot an Literatur ergänzen.

Alter
10–19 Jahre

Dauer
15–20 Minuten

Material
Textblätter, Stifte

Ziel
→ einen Text konzentriert lesen
→ Fehler in einem Text finden

Beschreibung

Die Schüler erhalten einen ihnen unbekannten Text, in den der Lehrer einige Fehler eingebaut hat. Einige Wörter fehlen z.B., andere wurden an die falsche Stelle gesetzt oder so verdreht, dass sie keinen Sinn ergeben. Die Schüler sollen die Fehler durch konzentriertes Lesen finden. Sie markieren die entsprechenden Stellen im Text und verbessern sie anschließend. Zur Erarbeitung stehen ihnen Fachbücher und Nachschlagewerke zur Verfügung.

Variante

Die Schüler erhalten unterschiedliche Texte mit der Aufgabenstellung, Fehler nach oben beschriebenem Muster einzubauen. Dabei verwenden sie ein Textverarbeitungsprogramm am Computer. Die Texte werden ausgedruckt und in der Klasse zur Korrektur verteilt. Die korrigierten Texte werden anschließend vorgestellt und besprochen.

Hinweis

Diese Methode lässt sich in jedem Fach als Vorbereitung auf ein Thema oder zur Wiederholung von Lerninhalten einsetzen.

Vorbereitete Begriffserklärung

 Alter
10 – 19 Jahre

 Dauer
10 – 15 Minuten

 Material
Papier, Stifte

 Ziel
Fachbegriffe und Zusammenhänge klären

Beschreibung

Die Schüler erhalten als Hausaufgabe einige Begriffe aus einem Text, der in der kommenden Stunde erarbeitet werden soll. In Lexika oder anderen Informationsquellen schlagen sie Definitionen der Fachwörter nach und formulieren sie anschließend in eigenen Worten. Zwei bis drei Sätze genügen dafür. Ihre Ergebnisse schreiben sie jeweils auf ein Karteikärtchen. Die gesammelten Begriffserklärungen aller Schüler werden dann gut sichtbar im Klassenraum aufgehängt. Völlig unzutreffende Aussagen sollte der Lehrer korrigieren, sodass ausgeschlossen ist, dass sich die Klasse Falsches einprägt. Während des weiteren Unterrichtsverlaufs kann immer wieder auf die Begriffssammlung zurückgegriffen werden.

Variante

Die Begriffskärtchen können bei der Erarbeitung oder Sicherung des Textes genutzt werden, indem sie z.B. zu einer Mindmap® zusammengestellt werden.

Hinweis

Die Methode erleichtert vor allem den Zugang zu schwierigen Texten, die auf Grund von noch unbekannten Fachbegriffen schwer zu verstehen sind. Doch nicht jeder Text eignet sich für diese Methode. Der Lehrer sollte vorab überprüfen, ob eine selbstständige Erschließung der Fachbegriffe tatsächlich sinnvoll ist.

Alter
10 – 16 Jahre

Dauer
10 – 20 Minuten

Material
unterschiedliche Texte, Schere, Klebstoff, Papier (DIN A4)

Ziel
spielerisch zu einem Text hinführen

Beschreibung

Der Lehrer zerschneidet unterschiedliche Texte in mehrere Teile, sodass eine Art Puzzle entsteht. Die Überschrift sollte dabei ein einzelnes Puzzleteil ergeben. Alle Textteile werden miteinander vermischt und auf einigen Tischen ausgelegt. Die Klasse wird in eine entsprechende Anzahl von Gruppen aufgeteilt. Jedes Team erhält zunächst lediglich die Überschrift eines Textes. Dann machen sich die Schüler auf die Suche nach inhaltlich passenden Textteilen. Ist der Text wieder komplett, wird er auf ein Blatt Papier geklebt. So geht nichts verloren, und der Text ist anschließend wieder gut lesbar.

Variante

➡ Einige der Puzzleteile passen nicht zum Text und müssen aussortiert werden.

➡ Das Puzzlespiel wird als Wettbewerb auf Schnelligkeit durchgeführt.

Hinweis

Diese spielerische Form der Textbegegnung ist nicht zu unterschätzen. Denn beim Suchen und Zusammenfügen müssen die Schüler den Text bereits lesen.

Alter
10–19 Jahre

Dauer
10–20 Minuten

Material
Arbeitsblätter, Stifte

Ziel
einen Text vervollständigen

Beschreibung

Der Lehrer entfernt aus einem Text an geeigneten Stellen Wörter oder Satzteile. Abhängig davon, wie schwer der Text zu vervollständigen ist, können die fehlenden Begriffe und Phrasen auch in einem „Wortspeicher" zum Text angeboten werden. Dazu schreibt der Lehrer sie entweder in ein Kästchen unterhalb des Lückentextes oder setzt sie ungeordnet um den Text herum. Die Schüler ergänzen dann entweder selbstständig oder mit Hilfe eines Wortspeichers den Text. Durch einen anschließenden Vergleich mit dem Originaltext werden die Ergebnisse geprüft und gegebenenfalls verbessert.

Variante

➡ Die Aufgabenstellung wird anspruchsvoller, wenn auch einige falsche Begriffe auf dem Arbeitsblatt stehen.
➡ Besonders bei literarischen Texten ist es sinnvoll, keine Lösungsmöglichkeiten vorzugeben.

Hinweis

Auf der folgenden Internetseite kann ein beliebiger Text mit wenigen Handgriffen sofort in einen Lückentext umgewandelt werden; ein Wortspeicher wird dabei automatisch erstellt: **www.mdzonline.de/guu/luecke.html**

goethe institut ; lückentext

Alter
14 – 19 Jahre

Dauer
45 Minuten

Material
Lesetipps in schriftlicher Form (s.u.), Texte

Ziel
- ▶ Lesetempo steigern
- ▶ einen Text durch Konzentration und Visualisierung verarbeiten

Beschreibung
Der Lehrer gibt den Schülern zunächst einige Tipps, wie sie ihre Lesegeschwindigkeit und gleichzeitig ihr Textverständnis steigern können:
- ▶ Konzentriere dich ganz auf den Text, und lasse dich nicht ablenken.
- ▶ Vermeide es, beim Lesen die Wörter in Gedanken mitzusprechen.
  Es hemmt den Lesefluss, weil du so nur so schnell liest, wie du sprichst.
- ▶ Wandle die gelesene Information in Bilder vor deinem geistigen Auge um.
- ▶ Versuche, anstatt Wort für Wort zu lesen, auf einen Blick ganze Wortgruppen zu erfassen. Verweile nur kurz bei einem Textausschnitt (Fixationsfeld), und blicke dann zum nächsten. Indem du versuchst, Schritt für Schritt das Fixationsfeld zu vergrößern, kannst du deine Lesegeschwindigkeit erhöhen.
- ▶ Lies schnell, wenn du dir einen Überblick verschaffen willst. Reduziere die Lesegeschwindigkeit, wenn du Texte gründlich auf bestimmte Informationen hin untersuchst.

Die Schüler erhalten einen längeren Text und setzen die oben genannten Tipps um.

Hinweis
Das schnelle und gleichzeitig konzentrierte Lesen ist die Grundvoraussetzung für das effektive Verarbeiten schriftlicher Information. Über weitere Schnelllesemethoden informiert die folgende Internetseite: **www.improved-reading.de.**

 Alter
10 – 19 Jahre

 Dauer
10 Minuten

 Material
Tafel

 Ziel
- ➡ auf einen Text vorbereiten
- ➡ Assoziationen formulieren

Beschreibung
Ein markanter Satz oder ein Schlüsselbegriff aus einem Text wird an die Tafel geschrieben. Die Schüler äußern ihre Einfälle dazu und besprechen diese miteinander. Anschließend wird der Text ausgeteilt und gelesen.

Variante
Es werden mehrere Blätter oder Kärtchen mit Schlüsselbegriffen bzw. Sätzen ausgelegt. Darauf notieren die Schüler ihre Assoziationen. Anschließend werden diese an die Tafel gehängt und besprochen.

Hinweis
Indem die Schüler schon vor dem Lesen Assoziationen sammeln, wird ihr Vorwissen aktiviert und eine Leseerwartung aufgebaut. Das hilft ihnen dabei, den Text anschließend erfolgreich zu verstehen und zu verarbeiten.

Alter
14 – 19 Jahre

Dauer
variabel, je nach Textumfang

Material
Bücher bzw. Texte

Ziel
sich einen Überblick über ein Buch bzw. einen Text verschaffen

Beschreibung
Diese Methode hilft Schülern dabei, einen Text bzw. eine Lektüre so zu lesen, dass sie die Information strukturiert aufnehmen. Sie umfasst fünf Schritte:

1. Einen Überblick gewinnen
Die Schüler blättern das Buch durch und verschaffen sich einen ersten Überblick. Dabei achten sie z.B. auf den Titel, mögliche Informationen zum Autor, den Umschlag, evtl. auf das Stichwortverzeichnis, das Vorwort und das Inhaltsverzeichnis sowie auf Abbildungen und das Layout.

2. Fragen stellen
Als Nächstes sollen die Schüler eine Reihe von Fragen zum Buch formulieren, z.B.: Was weiß ich bereits über das Thema? Was will ich noch über das Thema in Erfahrung bringen? Welche Person verbirgt sich hinter dem Autor? Welche Ansichten vertritt er? Wie ist das Buch aufgebaut?

3. Lesen
Die Schüler lesen den Text bzw. das Buch. Wichtige Textstellen und Schlüsselbegriffe werden markiert.

4. In Erinnerung rufen

Nach dem Lesen rufen sich die Schüler den Text kapitel- bzw. abschnittsweise nochmals ins Gedächtnis und setzen ihn in Beziehung zu den Fragen, die sie vor dem Lesen formuliert haben (s. Punkt 2). Die Antworten, die sie gefunden haben, halten sie schriftlich fest. Wichtig ist dabei, dass sie nicht aus dem Text abschreiben, sondern die Informationen in ihren eigenen Worten wiedergeben.

5. Wiederholen

Die zuvor angefertigten Notizen werden nochmals wiederholt. Sie können auch in Form einer Mindmap® strukturiert dargestellt werden.

Hinweis

Diese Methode ist auch unter den Namen SQ3R-Methode bekannt.

Alter
14 – 19 Jahre

Dauer
20 – 30 Minuten

Material
Texte, Stifte

Ziel
einen Text inhaltlich erschließen

Beschreibung
Die Schüler sollen nach sorgfältigem Lesen den Text in Sinnabschnitte untergliedern. Jeder Textteil wird anschließend mit einer aussagekräftigen Überschrift versehen. Die Ergebnisse werden vorgestellt und besprochen.

Variante
Die Gliederung des Textes ist bereits vorgegeben. Die Schüler sollen die einzelnen Abschnitte mit Überschriften versehen.

Hinweis
Besonders bei längeren Texten erweist sich diese Methode als sehr sinnvoll, da sie in verständliche Einzelteile zerlegt werden.

 Alter
10 – 19 Jahre

 Dauer
20 – 30 Minuten

 Material
Arbeitsblätter

 Ziel
einen Text erarbeiten

Beschreibung

Die Schüler erhalten den Text. Anschließend werden Flipchartseiten mit Leitfragen zum Text ausgelegt. Die Schüler lesen den Text speziell auf diese Fragestellungen hin durch. Anschließend notieren sie ihre Antworten auf den Seiten.
Diese werden vorgestellt und ausgewertet.

Variante

→ Die Schüler formulieren selbst die Fragen zum Text, nachdem sie ihn durchgelesen haben.
→ Die Schüler erschließen den Text in Gruppen. Jede Gruppe erhält eine Leitfrage.

Hinweis

Mit dieser gelenkten Texterschließung werden Schüler auf die eigenständige Erarbeitung eines Textes vorbereitet.

Alter
10 – 19 Jahre

Dauer
variabel, je nach Textumfang

Material
Arbeitsblätter, Stifte

Ziel
Schlüsselbegriffe und Kernaussagen eines Textes erarbeiten und visualisieren

Beschreibung

Die Schüler lesen den Text vor dem Markieren ein Mal. Beim zweiten Durchgang unterstreichen sie die wichtigsten Wörter und Sätze und markieren entsprechende Stellen im Text mit Kommentarzeichen, die sie an den Rand setzen.

Folgende Zeichen können sie dabei verwenden:

! = wichtig	!! = sehr wichtig	? = fragwürdig
+ = gut	– = schlecht	Zf = Zusammenfassung
D = Definition	T = These	Arg = Argument

Die Schüler können jedoch auch ihr eigenes Markierungssystem verwenden und neben dem Text Stichworte und Fragen notieren. Anschließend werden die Kernaussagen des Textes mit Hilfe der Markierungen wiederholt.

Variante

Die Schüler markieren den Text mit Leuchtstiften:
rot = wichtig; grün = Definition; gelb = Unklarheit; blau = Beispiel.

Hinweis

Markierungen erhöhen die Orientierung im Text – allerdings nur, wenn sie System haben und sparsam eingesetzt werden. Zu viele Markierungen verwirren und sind deshalb kontraproduktiv.

Exzerpt erstellen

Alter
14 – 19 Jahre

Dauer
45 Minuten

Material
Texte, Papier für Notizen, Stifte

Ziel
die wichtigsten Aussagen eines Textes zusammenfassen

Beschreibung

Ein Exzerpt gibt in knapper sprachlicher Form bestimme Inhalte eines Textes wieder. Konkrete Fragestellungen sind jeweils der Ausgangspunkt für das Erstellen eines Exzerptes:

1. Spezifische Fragestellung: Den Schülern werden konkrete Fragestellungen vorgegeben (z.B.: Was versteht der Autor des Textes unter dem Begriff XY? Mit welchen Argumenten belegt der Autor die These XY?). Dieses Verfahren ist sinnvoll, wenn bereits Vorkenntnisse zum Thema vorhanden sind.
2. Globale Fragestellung: Die Fragestellung zielt auf den gesamten Text ab (z.B.: Welche Aussagen macht der Text zum Thema XY?).

In beiden Fällen müssen die Schüler sich den Text zunächst inhaltlich erschließen: Sie lesen ihn abschnittsweise in Hinblick auf die Fragestellung(en). Anschließend fassen sie den Inhalt eines jeden Abschnitts in eigenen Worten zu einem Satz zusammen. Diese einzelnen Sätze werden dann noch einmal gekürzt, z.B. indem Füllwörter oder Wiederholungen getilgt werden. In einem letzten Schritt werden die Zusammenfassungen zu einem Text verdichtet. Dabei sollten die logischen Zusammenhänge zwischen den Einzelaussagen deutlich herausgestellt werden, z.B. das Verhältnis von Ursache und Wirkung. Diese Zusammenhänge können auch grafisch ausgedrückt werden (z.B. durch Pfeile). Schlüsselbegriffe werden außerdem besonders hervorgehoben.

Variante

Die Schüler arbeiten in Gruppen. Jeweils ein Team erhält einen Text und exzerpiert ihn. Dann werden die Ergebnisse der Gruppen miteinander verglichen und evtl. korrigiert.

Hinweis

➡ Exzerpte eignen sich sehr gut für die Vorbereitung auf Klassenarbeiten, da die Inhalte von Texten, die exzerpiert wurden, meist besser behalten werden.

➡ Vor allem bei längeren Texten sollte ein Exzerpt auch den Aufbau bzw. die argumentative Struktur sichtbar werden lassen.

➡ Besonders prägnante Aussagen können auch wörtlich übernommen werden.

Alter
14–19 Jahre

Dauer
20–30 Minuten

Material
Tafel, Stifte, Papier

Ziel
Zusammenhänge in einem Text visualisieren

Beschreibung

Mit Hilfe eines Textsoziogramms lassen sich die Beziehungen zwischen den Personen eines Textes visuell darstellen. Dazu werden die Charaktere auf einer Flipchartseite so angeordnet, dass ihre Beziehungen zueinander deutlich werden. Die Figuren werden durch ihren Namen, der in einen Kreis geschrieben wird, repräsentiert. Die Nähe der Kreise zueinander zeigt, wie eng die Personen zueinander in Beziehung stehen. Durch Symbole und Pfeile bzw. Linien kann die Art der Beziehungen ausgedrückt werden, z.B.:

+ = positive Beziehung	++ = besonders intensive Beziehung
– = negative Beziehung, Probleme, Streit	– – = sehr negative Beziehung
–> = einseitige Beziehung	<–> beidseitige Beziehung
O = keine Beziehung	

Die Pfeile können auch schriftlich näher erläutert (gute Freunde, Neid, Angst) oder durch farbliche Markierungen noch genauer bestimmt werden. Die fertigen Soziogramme werden an der Tafel aufgehängt und besprochen.

Variante

„Lebendiges Soziogramm": Die Schüler stellen die handelnden Personen dar und verteilen sich entsprechend im Raum. Durch Nähe bzw. Entfernung, Haltung oder Blickrichtung werden die Beziehungen zwischen den Figuren dargestellt.

Alter
14–19 Jahre

Dauer
20–30 Minuten

Material
Arbeitsblatt

Ziel
einen Text erschließen

Beschreibung

Jeweils 4 Schüler gehen zu einer Gruppe zusammen. Jeder erhält einen Text, den er zunächst ein Mal still durchliest. Als Nächstes liest Schüler 1 den ersten Abschnitt laut vor. Schüler 2 fasst ihn dann in eigenen Worten zusammen. Schüler 3 stellt Fragen zum Textabschnitt, die Schüler 4 beantwortet. Beim nächsten Abschnitt tauschen die Schüler ihre Rollen: Schüler 2 liest den Text vor usw. Schritt für Schritt erarbeitet das Team so den gesamten Text.

Variante

→ Je eine Gruppe erarbeitet einen Textabschnitt nach der oben beschriebenen Methode.
→ Der Text wird in Partnerarbeit mit wechselnden Rollen erschlossen.

Hinweis

Die Schüler sollten v.a. die so genannten „W-Fragen" (Wer? Wann? Wo? Warum? …) an den Text richten (vgl. Methode 39, S. 60).

W-Fragen-Methode

Alter
10 – 19 Jahre

Dauer
30 – 45 Minuten

Material
Kärtchen, Stifte

Ziel
→ Fragen zum Text entwickeln
→ den Text erschließen

Beschreibung

Ein Text wird zunächst von allen Schülern still gelesen. Anschließend formulieren die Schüler eine Reihe von Fragen an den Text (Wer? Was? Wann? Wo? Wie? Warum? Wie oft? usw.). Dabei achten sie darauf, dass nur Fragen gestellt werden, die sich mit Hilfe des Textes auch beantworten lassen. Jeder Schüler erhält anschließend eine solche W-Frage, die auf eine Kärtchen notiert wurde (Mehrfachnennungen lassen sich hier nicht vermeiden). Alle machen sich nun als Text-Detektiv auf die Suche nach den Antworten auf ihre Fragen. Ihre Ergebnisse stellen sie anschließend vor.

Variante

Die Schüler gehen zu zweit zusammen. Einer übernimmt die Rolle des Journalisten, der andere ist der Experte, der befragt wird. Nachdem beide den Text gelesen haben, führen sie mit Hilfe der W-Fragen ein Interview durch. Wer möchte, kann sein Interview auch vor der Klasse führen.

Hinweis

→ Das selbstständige Formulieren von Fragen fördert die Motivation der Schüler, sich mit dem Text auseinanderzusetzen.
→ Der Katalog von W-Fragen ist nicht statisch, sondern muss für jeden Text neu entwickelt werden.

Alter
10 – 19 Jahre

Dauer
20 – 30 Minuten

Material
Papier, Stifte

Ziel
einen Text kreativ erarbeiten

Beschreibung

Nachdem sie den Text mehrmals gelesen haben, sollen ihn die Schüler in eine neue sprachliche Form bringen, allerdings ohne die wesentlichen Aussagen zu verändern. Dazu bieten sich unterschiedliche Textarten an, z.B.:

- Brief
- Zeitungsmeldung
- Tagebucheintrag
- Gedicht
- Kommentar
- Leserbrief
- Märchen

Hinweis

Durch perspektivisches Erzählen (z.B. Tagebucheintrag) kann das Geschehen aus der Sicht einer Person dargestellt werden.

Hör genau hin!

 ### Alter
10–19 Jahre

 ### Dauer
45 Minuten

 ### Material
Hörbuch auf CD, CD-Player, Blätter für Notizen, Stifte

 ### Ziel
Sinn erschließendes Hören einüben

Beschreibung

Es gibt mittlerweile eine Vielzahl von Hörbüchern, sowohl in der Belletristik wie im Sachbereich. Der Lehrer spielt eine etwa 10-minütige Passage aus einem Hörbuch vor. Dies kann z.B. ein Dialog sein oder eine inhaltlich in sich geschlossene Passage eines Sachtextes. Die Schüler sollen die Kernaussagen des Textes ermitteln und sie schriftlich festhalten. Die Ergebnisse werden anschließend besprochen und ausgewertet.

Variante

→ Die Schüler hören eine Nachrichtensendung, Ausschnitte aus einer Radio-Talkshow oder Mitschnitte anderer Hörfunksendungen (z.B. Deutschlandfunk).

→ Sie produzieren in Gruppen eigene Hörtexte, indem sie Texte laut auf Tonband o.Ä. sprechen. Diese spielen sich die Gruppen gegenseitig vor, um das Hörverständnis zu schulen.

Hinweis

Viele Kinder und Jugendliche sind auf das Hören von Musik fixiert. Mit dieser Übung soll deshalb vor allem das konzentrierte Hören von gesprochenen Texten geübt werden.

Alter
14–19 Jahre

Dauer
3–4 Unterrichtsstunden

Material
Kärtchen, Requisiten für den Gerichtssaal

Ziel
eine Problemstellung spielerisch erarbeiten

Beschreibung

In Form einer fiktiven Gerichtsverhandlung wird eine Problemstellung verhandelt.
Die Anklage könnte z.B. lauten: „Die deutsche Regierung wird angeklagt, keine Maß-
nahmen gegen die Armut im Land zu initiieren" oder „Die Medien werden angeklagt,
die Gewaltbereitschaft von Kindern und Jugendlichen zu fördern". Am Schluss der
Verhandlung muss, nach Abwägung aller Positionen, eine Art Urteil stehen.

So können sich die Schüler auf die Verhandlung vorbereiten:

▪ Sie machen sich mit der Sachlage vertraut.

▪ Sie erhalten eine Einführung in den Ablauf der Verhandlung.

▪ Ausgangssituation und Problemlage werden vorgestellt

▪ Die Rollen werden verteilt: 1 Richter, 2 Schöffen, 1 Staatsanwalt, 1 Verteidiger,
1 Angeklagter, 1 Sachverständiger, mehrere Zeugen, 1 Protokollführer.

▪ Die Darsteller bereiten sich (evtl. mit 2–3 Helfern) auf das Rollenspiel vor.
Dazu erhalten sie Kärtchen, auf denen sie ihre Rolle und die Position, die sie
vertreten werden, notieren. Diese Informationen dürfen sie nicht an Mitspieler
weitergeben. Lediglich Verteidiger und Angeklagter können sich absprechen.

▪ Die Spieler nehmen Platz anhand der Sitzordnung eines Gerichtssaals:
vorne sitzt der Richter, Verteidiger und Angeklagter sitzen rechts von ihm,
der Staatsanwalt zu seiner Linken. Die Zeugen sitzen (im fiktiven Zeugenstand)
vor dem Richter, die Zuhörer platzieren sich dahinter.

So wird das Rollenspiel durchgeführt:
1. Aufruf zur Sache
2. Anwesenheitsfeststellung und Zeugenbelehrung
3. Vernehmung des Angeklagten zur Person
4. Verlesung der Anklageschrift durch den Staatsanwalt
5. Vernehmung des Angeklagten zur Sache
6. Beweisaufnahme
7. Plädoyer des Staatsanwaltes
8. Plädoyer des Verteidigers
9. Schlusswort des Angeklagten
10. Beratung des Gerichts
11. Urteilsverkündung
12. Urteilsformel
13. Urteilsbegründung
14. Rechtsmittelbelehrung

→ Die Zeugen warten vor der Tür, bis sie zur Beweisaufnahme aufgerufen werden. Nach ihrer Aussage können sie im Zuschauerraum Platz nehmen.

→ Die Zuschauer erhalten Beobachtungsaufgaben (z.B.: als Gerichtsreporter).

Zum Schluss wird die Methode ausgewertet, indem noch einmal die unterschiedlichen Positionen wiederholt werden. Die Schüler sollen sich auch dazu äußern, ob sie das Urteil „gerecht" fanden.

Variante

→ Für eine Auswertung der Methode, ist es sinnvoll das Rollenspiel mit einer Kamera aufzuzeichnen.

→ Als Hausaufgabe schreiben die Schüler einen Text über die Verhandlung (z.B. als Zeitungsbericht oder Leserbrief).

Hinweis

Nähere Informationen zum Ablauf einer Gerichtsverhandlung enthält die folgende Seite im Internet: **www.zum.de/Faecher/Materialien/dittrich/Pruefung/ablauf_einer_gerichtsverhandlung.htm**

Alter
10–19 Jahre

Dauer
15–20 Minuten

Material
Texte

Ziel
→ sich einen Text vertiefend aneignen
→ einen Text sprachlich und körperlich zum Ausdruck bringen

Beschreibung

Das Auswendiglernen fördert die Konzentration und Merkfähigkeit. Schüler, die sich besser konzentrieren können, verarbeiten auch neue Informationen besser und schneller. Die Schüler lesen zunächst den ganzen Text. Anschließend verteilt der Lehrer Textabschnitte an die Schüler, die diese auswendig lernen sollen. Dazu gehört zum einen, dass sie die Aussprache des Textes trainieren. Zum anderen sollen sie aber auch Mimik und Gestik einüben, um den Vortrag auch durch nonverbale Mittel zu unterstützen. Der gesamte Text wird nun nacheinander von den Schülern vorgetragen. Anschließend begründen die Schüler, worauf sie bei ihrem Vortrag besonders geachtet haben.

Variante

→ Jeder Schüler verfügt über ein gewisses Repertoire an Texten, die er auswendig aufsagen kann. Meist sind dies Liedtexte. Jeder Schüler erhält deshalb die Möglichkeit, seinen Lieblingstext vorzutragen.

→ Wenn eine Unterrichtsreihe abgeschlossen ist, wählen die Schüler Textpassagen aus, die sie für besonders wichtig halten, und lernen sie auswendig.

Hinweis

Nicht nur Gedichte, sondern auch Sachtexte können auswendig gelernt werden.

 # Schwärzen

 Alter
14–19 Jahre

 Dauer
10–15 Minuten

 Material
Texte, schwarze Filzstifte

 Ziel
wichtige Textaussagen herausarbeiten

Beschreibung

Die Schüler erhalten einen Text, den sie zunächst still lesen. Beim zweiten Lesedurchgang streichen sie Sätze, die sie für weniger relevant halten, mit einem schwarzen Filzstift durch. So bleiben nur noch die Textstellen sichtbar, die wichtige Inhalte enthalten. Anschließend werden die Ergebnisse untereinander ausgetauscht und miteinander verglichen.

Variante

Unwichtige Textpassagen werden nicht geschwärzt, sondern nur durchgestrichen. Alle unwichtigen und wichtigen Textpassagen werden ausgeschnitten und auf dafür vorgesehene Ablagen gelegt. Die Schüler sichten die Ergebnisse, diskutieren die Auswahl und ändern sie gegebenenfalls um.

Hinweis

Diese Methode dreht den Spieß einmal um: Die Schüler richten ihr Augenmerk auf die Textteile, die weniger wichtig sind. Das ist eine gute Abwechslung zur normalen Texterschließung und bewirkt, dass die Schüler genau lesen und lernen, den Informationsgehalt von Sätzen einzuschätzen.

 Alter
14–19 Jahre

 Dauer
30 Minuten

 Material
Sammlung von Karikaturen zu einem Thema

 Ziel
Problembewusstsein durch Karikaturen fördern

Beschreibung

Vor allem zu aktuellen Themen gibt es häufig eine Fülle von Karikaturen. Der Lehrer wählt aus mehreren Tages- oder Wochenzeitungen Karikaturen aus, die das Thema, z.B. die Klimaerwärmung, auf satirische Weise kommentieren. Die Schüler gehen in Gruppen zusammen. Jedes Team erhält eine Karikatur und diskutiert sie untereinander. Folgende Fragen und Aufgaben dienen als Gesprächsanregung bzw. Arbeitsauftrag:

- Was ist in der Zeichnung zu sehen?
- Was möchte der Zeichner durch sie ausdrücken?
- Gebt der Karikatur eine Überschrift!
- Welche Stilmittel (z.B. Symbole oder Figuren) setzt der Zeichner ein, um seine Aussage zu verdeutlichen?
- Welche Gefühle löst die Karikatur bei euch aus?
- Bezieht die Karikatur eindeutig Stellung?
- Wie beurteilt ihr die Aussage der Karikatur?

Jedes Team stellt anschließend seine Karikatur und die Ergebnisse seiner Arbeit im Plenum vor.

Hinweis

Die Schüler sollten schrittweise an die besondere Bildersprache dieser Zeichnungen herangeführt werden.

Gezeichnete Provokation

 Alter
14 – 19 Jahre

 Dauer
30 Minuten

 Material
Karikaturen, Beamer (und Computer) oder Overheadprojektor

 Ziel
die Aussage einer Karikaturen sprachlich verdeutlichen

Beschreibung

Der Lehrer informiert die Schüler über Stil und Sprache von Karikaturen. Es bilden sich anschließend mehrere Gruppen, deren Aufgabe es ist, jeweils eine Karikatur sprechen zu lassen. Die Teams sollen versuchen, den Betrachter aus der Karikatur heraus direkt anzusprechen und ihn mit dem Thema zu konfrontieren. Dabei kann die Sprache durchaus provokativ und herausfordernd sein, aber nicht beleidigend. Ein Beispiel: „Das wollte ich dir schon immer mal sagen: …", „Du, ja du: Sieh genau hin, denn du bist mittendrin in dieser Zeichnung …" Ihre „Ansprache" halten die Schüler schriftlich fest. Nach der Gruppenarbeitsphase werden die Karikaturen groß an eine Wand projiziert. Dann tritt jede Gruppe auf und richtet ihre provokative Ansprache an das Publikum.

Variante

Das Publikum hat die Möglichkeit, Fragen an die Gruppe zu stellen und die Ansprache zu beurteilen (z.B.: „Die Art und Weise, wie ihr das Thema darstellt, halte ich für übertrieben und weit weg von der Wirklichkeit.").

Hinweis

Karikaturen decken häufig Missstände und Konflikte auf und fordern somit zur eigenen Stellungnahme heraus.

Alter
10–19 Jahre

Dauer
15 Minuten

Material
Fotosammlung

Ziel
ein Thema durch Bilder erschließen

Beschreibung

Der Lehrer legt Fotos aus, die ein Thema aus unterschiedlichen Perspektiven darstellen. Nachdem sich die Schüler alle Bilder angesehen haben, sucht sich jeder Einzelne das Bild aus, das ihn im Hinblick auf das Thema am meisten anspricht. Anschließend stellen die Schüler ihre Bilder vor und beantworten dabei folgende Fragen:

- ▣ Was ist zu sehen?
- ▣ Was ist das Thema des Fotos?
- ▣ Welche Position drückt das Bild aus?
- ▣ Welchen Titel gebe ich dem Bild?

Variante

- ▣ Die Schüler suchen in Gruppen im Internet nach Bildern, die eine bestimmte Haltung zu einem Thema ausdrücken, und drucken sie aus. Ihre Bildauswahl stellen sie anschließend den anderen vor.
- ▣ Die Schüler lassen ihre Bilder sprechen: „Ich möchte euch zum Nachdenken anregen. Dazu müsst ihr jedes Detail genau betrachten ..."

Hinweis

Für solche und ähnliche Methoden ist es sinnvoll, sich einen thematisch geordneten Fundus an Fotos anzulegen (z.B. aus Zeitungen oder Zeitschriften).

Fotocollage

Alter
10 – 19 Jahre

Dauer
2 – 3 Unterrichtsstunden

Material
Fotos, Abbildungen, Klebstoff, Scheren

Ziel
ein Thema erfassen und bildhaft ausdrücken

Beschreibung
Die Schüler sammeln zu einem bestimmten Thema Abbildungen. Diese können sie aus Zeitschriften und Zeitungen ausschneiden oder aus dem Internet herunterladen und ausdrucken. Die Abbildungen werden zu einer Bildersammlung, die allen in der Klasse zur Verfügung steht, zusammengestellt. Die Schüler bilden Arbeitsgruppen. Jedes Team wählt einige Bilder aus der Sammlung aus, um daran die unterschiedlichen Aspekte des Themas bildhaft auszudrücken und zu erläutern.

Variante
Die Schüler erstellen in Einzelarbeit aus einer Auswahl von Abbildungen eine Fotocollage, die die unterschiedlichen Aspekte des Themas ausdrückt. Dabei kann auch mit Verfremdungseffekten gearbeitet werden.

Hinweis
In einer Fotocollage werden einzelne Fotografien oder Ausschnitte davon zu einer neuen Komposition mit veränderter Bildaussage zusammengefügt.

Alter
10–16 Jahre

Dauer
60–90 Minuten

Material
Papier, Bunt- oder Filzstifte

Ziel
eine Erzählung visualisieren

Beschreibung

Nachdem die Schüler einen Text gelesen haben (am besten eignen sich Erzählungen), unterteilen sie ihn in mehrere zusammenhängende Abschnitte. Anschließend finden sie sich zu Gruppen zusammen, von denen jede einen Erzählabschnitt zugeteilt bekommt. Aufgabe der Teams ist es nun, zu ihrem Teiltext ein Bild zu malen. Anschließend werden die Bilder in der Reihenfolge der Textteile aneinandergereiht. Da jede bildhafte Darstellung auch eine Interpretation ist, bietet die Bildergeschichte eine gute Möglichkeit zur Weiterarbeit am Text.

Variante

- ➡ Die Bildergeschichte wird zum Fotoroman, indem die Schüler im Internet nach Fotos suchen und sie der Erzählfolge entsprechend zusammenstellen.
- ➡ Die Schüler machen sich mit dem Fotoapparat selbst auf die Suche nach Motiven und verwenden sie für ihre Bildergeschichte.

Hinweis

Bei Schülern sind besonders Comics und Mangas sehr beliebt. Somit bietet sich dieser Zeichenstil an.

Alter
10–19 Jahre

Dauer
20–30 Minuten

Material
Bild

Ziel
Bilder analysieren und interpretieren

Beschreibung

Mit Hilfe von Leitfragen interpretieren die Schüler ein Bild. Damit verändern sie eingefahrene Sehgewohnheiten und verbessern ihr Verständnis für Bildkompositionen und -aussagen:

1. Was stellt das Bild dar?
2. Wie ist es aufgebaut?
3. Welche Aussage steckt hinter dem Bild?

Variante

➡ Kreativer wird die Methode, wenn sie etwa in Form eines Interviews durchgeführt wird. Dabei wird das Bild mit Hilfe eines Beamers oder Overheadprojektors an die Wand geworfen. Durch die Vergrößerung können die Schüler auch Details besser erkennen. Der Lehrer interviewt die Schüler so wie ein Reporter z.B. die Gäste einer Vernissage befragen würde, mit Hilfe eines Aufnahmegerätes. Die Ergebnisse werden später abgehört und genauer besprochen.

➡ Nur ein Schüler erhält das Bild und beschreibt seinen Mitschülern, was er sieht. Die Zuhörer können sich zunächst das Bild nur anhand der Beschreibung vorstellen. Anschließend beschreiben 1–2 weitere Schüler das Bild. Am Schluss erhalten es alle, um ihre Vorstellung mit dem Original zu vergleichen.

Hinweis

Hintergrundinformationen über den Künstler helfen bei der Interpretation.

Alter
10 – 19 Jahre

Dauer
15 – 10 Minuten

Material
Bild, Blatt

Ziel
ein Bild meditativ beschreiben

Beschreibung

Der Lehrer projiziert ein Bild an die Wand. Die Schüler betrachten es zunächst in aller Ruhe, ohne es zu kommentieren. Ein Schüler beginnt damit, seine Wahrnehmung auf ein Blatt zu notieren. Anschließend gibt er das Blatt an seinen Nachbarn weiter. Die Schüler ergänzen nach und nach, was sie sehen. Anschließend liest der Lehrer die Aufzeichnungen vor. Zum Schluss wird das Bild noch einmal gemeinsam betrachtet und über die Aussagen der Einzelnen diskutiert.

Variante

Die Wahrnehmungen der Schüler werden auf einer Flipchartseite oder an der Tafel notiert.

Hinweis

➡ Ein stille Betrachtung des Bildes fördert die Konzentration.
➡ Werden die Wahrnehmungen aufgeschrieben, statt mündlich geäußert, können sich auch die Schüler mitteilen, die sich eher selten am Unterrichtsgespräch beteiligen.

Filmanalyse

 Alter
10 – 19 Jahre

 Dauer
30 – 45 Minuten (plus Dauer des Filmes)

 Material
Film

 Ziel
Inhalte über audiovisuelle Medien erschließen

Beschreibung

Die Schüler sehen sich einen Film (z.B. eine Literaturverfilmung, einen Kurzfilm oder eine Reportage) an. Vorab erhalten sie folgende Beobachtungsaufgaben:

1. Skizziere kurz den Inhalt des Films.
2. Stelle dar, um welche Fragestellung es in dem Film geht.
3. Erläutere, welche filmischen Mittel eingesetzt werden (Kameraführung, Musik, Schnitt, Licht, Bildgestaltung).
4. Stelle dar, welche Gefühle der Film bei dir hervorruft.
5. Fasse den Film in einem Satz zusammen.
6. Stelle den Realitätsbezug des Filmes heraus.
7. Erläutere, ob der Film eine Lösung für ein Problem anbietet.

Die Schüler machen sich beim Betrachten des Films Notizen. In einem abschließenden Gespräch werden ihre Ergebnisse verglichen und diskutiert.

Variante

Die Schüler erhalten die Aufgabe, sich in eine der Personen des Films hineinzuversetzen und aus deren Sicht die Handlung zu schildern.

Hinweis

Eine Liste von Literaturverfilmungen und themenbezogenen Filmen findet sich auf:
www.lernort-kino.de/index.html

Alter
14–19 Jahre

Dauer
30 – 45 Minuten

Material
Film (Reportage, Dokumentation, Lehrfilm)

Ziel
einen Film protokollieren

Beschreibung
Die Schüler sollen ein ergebnisorientiertes Protokoll eines Filmes anfertigen, d.h. nicht den gesamten Inhalt, sondern nur die wichtigsten Aussagen eines Filmes schriftlich festhalten. Vor der Vorführung des Filmes aktiviert der Lehrer durch entsprechende Fragen bzw. Impulse noch einmal das Vorwissen der Schüler zum Thema. So auf den Film vorbereitet, fällt ihnen das Notieren von neuen Inhalten leichter. Während der Film anschließend gezeigt wird, halten die Schüler die wichtigsten Aussagen daraus in Stichworten fest. Vor allem bei Filmen mit hoher Informationsdichte empfiehlt es sich, den Film an geeigneten Stellen kurz anzuhalten, damit die Schüler genügend Zeit zum Schreiben haben. Als Hausaufgabe wird das Protokoll ausformuliert. Es dient als Grundlage für die Weiterarbeit am Thema.

Variante
Die Schüler erhalten vor der Vorführung gezielte Fragestellungen, die sie durch die Informationen im Film schriftlich oder mündlich beantworten sollen.

Hinweis
→ Landesmedien- bzw. Landesfilmdienste bieten ein umfangreiches Leihangebot an kostenfreien Medien, v.a. Filmen, an. Informationen dazu gibt es auf: **www.landesfilmdienste.de**
→ Die Analyse von Reportagen oder Dokumentationen sollte schrittweise eingeübt werden.

 # Diagramme lesen

 Alter
14–19 Jahre

 Dauer
15–20 Minuten

 Material
Diagramm

 Ziel
Informationen aus Diagrammen entnehmen

Beschreibung

Das Entnehmen von Informationen aus Diagrammen ist eine wichtige Fähigkeit.
Schüler müssen in der Lage sein, z.B. Umfrageergebnisse, Umsatzanalysen oder
Arbeitsmarktdaten richtig zu deuten. Die Schüler erhalten ein Diagramm zu einem
bestimmten Thema (z.B. Wahlanalyse). Schrittweise sollen sie der Grafik Informati-
onen entnehmen, ihre Erkenntnisse auf Richtigkeit hin überprüfen und sie diskutieren:
Die Arbeitsaufträge könnten folgendermaßen lauten:

- Wer hat die Erhebung durchgeführt?
- Wie lautet die Fragestellung bzw. das Thema?
- Welche Aspekte werden erfasst?
- Welche Informationen gibt das Diagramm grafisch wieder?
- Was fällt dabei besonders auf? Gibt es z.B. Extremwerte?
- Fehlen Informationen?
- Welche Schlüsse lassen sich aus den gewonnenen Informationen ziehen?

Hinweis

Diagramme können komplexe Sachverhalte sehr gut veranschaulichen und gelten
gemeinhin als „objektive" Informationsquellen. Da sie allerdings immer bestimmte
Daten auswählen und dafür andere weglassen, können auch sie eine subjektive
Tendenz aufweisen. Bei der Arbeit mit Diagrammen im Unterricht sollte auch
dieser Aspekt thematisiert werden.

Alter
14–19 Jahre

Dauer
45–90 Minuten

Ziel
→ Argumente zu einem kontroversen Sachverhalt austauschen
→ Stellung beziehen
→ sich mit anderen sachlich austauschen

Beschreibung

Meist werden im Unterricht Themen nur auf der Sachebene behandelt. Über das argumentative Diskutieren erhalten Schüler einen persönlicheren, perspektivischen Zugang zum Thema. Das fördert zum einen die Auseinandersetzung der Schüler mit Inhalten, zum anderen wird es der Komplexität vieler Themen eher gerecht. Schüler sollten daher das Argumentieren in vielen Fächern, nicht nur im Deutschunterricht, einüben. Dabei kann folgendermaßen vorgegangen werden:

Die Klasse wird in drei Gruppen aufgeteilt: Pro-Gruppe, Kontra-Gruppe und Beobachtungsgruppe. Nach der Formulierung der Streitfrage (z.B.: „Verstärkt die Todesstrafe die Abschreckung vor Straftaten?") setzen sich die Gruppenmitglieder zusammen und suchen mit Hilfe der bereitgestellten Informationsmaterialien nach Argumenten für ihre Position. Dafür haben sie etwa 30 Minuten Zeit. Die Beobachtergruppe verschafft sich währenddessen einen Überblick über das Thema durch bereitgestelltes Informationsmaterial (Zeitungsartikel etc.).

Die Mitglieder der Pro- und Kontra-Gruppe setzen sich anschließend gegenüber. Der Lehrer als Diskussionsleiter eröffnet das Gespräch mit einer kurzen Darstellung der Streitfrage. Dann hat jede Gruppe etwa 30 Sekunden Zeit, ihr Hauptargument zu nennen. In einer zweiten Runde werden nach dem gleichen Verfahren alle weiteren Argumente ausgetauscht. Dabei ist es wichtig, dass sich die Gruppen gegenseitig genau zuhören und auf die Argumente der jeweils anderen eingehen. Beide Gruppen geben ein Abschlussstatement. Anschließend bewertet die Beobachtergruppe die Überzeugungskraft und Sachlichkeit der beiden Argumentationslinien. Der Lehrer fasst das Ergebnis des Streitgesprächs abschließend zusammen.

Variante

→ Das Streitgespräch selbst wird mit einer festen Teilnehmerzahl (z.B. je 3 Pro- und Kontra-Teilnehmer) durchgeführt. Dabei können die Teilnehmer nach Belieben ausgewechselt werden. Das ist besonders sinnvoll, wenn das Gespräch langatmig zu werden droht.

→ Vor und nach dem Streitgespräch wird in der Klasse über die beiden Positionen abgestimmt, um diskussionsbedingte Meinungsumschwünge festzustellen.

Hinweis

→ Ein Streitgespräch in dieser Form ist mehr Rollenspiel als Austausch realer, persönlicher Ansichten. Die Schüler müssen also auch Positionen vertreten, die ihrer persönlichen Überzeugung zuwiderlaufen.

→ Der Lehrer sollte darauf achten, dass die allgemeinen Diskussionsregeln (ausreden lassen, aktiv zuhören etc.) eingehalten werden.

Alter
16–19 Jahre

Dauer
15–20 Minuten

Material
Vorlesungsskript, evtl. audiovisuelle Medien

Ziel
→ Konzentration fördern
→ Wissen durch Hörverstehen erwerben

Beschreibung
Der Lehrer vermittelt Informationen zu einem Thema in Form einer Vorlesung. Dabei spricht nur er. Die Schüler hören zu und machen sich Notizen. Ein Teil der Informationsvermittlung sollte dabei durch Medien (PowerPoint-Präsentation, Bilder, Grafiken, Filmausschnitte) geschehen, um auch dem visuellen Lerntyp gerecht zu werden. Ein vorbereitetes Handout, auf dem die Schüler Informationen während des Vortrages ergänzen müssen, kann das Mitschreiben ersetzen. Nach der Vorlesung werden im Plenum die wichtigsten Inhalte wiederholt.

Variante
→ Der Lehrer verwendet für die Vorlesung einen Hörfunkbeitrag (z.B. aus dem Schulfunkprogramm der öffentlich-rechtlichen Sender). Zu diesen Sendungen gibt es häufig sogar Arbeitsmaterialien für Schüler (z.B. auf **www.br-online.de/wissen-bildung/collegeradio/**).
→ Während der Vorlesung können die Schüler Verständnisfragen formulieren, die der Lehrer in der letzten Phase der Vorlesung beantwortet.

Hinweis
Bei dieser Methode, die im Hochschulbereich weitverbreitet ist, sollen die Schüler lernen, über längere Zeit konzentriert hinzuhören und die wesentlichen Aussagen in kompakter Form zusammenzufassen.

 Alter
10–19 Jahre

 Dauer
20 Minuten

 Ziel
- ein Unterrichtsthema erarbeiten
- gelenkte Hinführung zu einem Thema

Beschreibung

Der Lehrer stellt Fragen zu einem Thema, und die Schüler antworten. Mit Hilfe der Fragen und Antworten wird das Thema Schritt für Schritt in eine bestimmte Richtung entwickelt. Der Lehrer fordert durch seine Fragen bestimmte Antworten heraus und bestimmt so die Erkenntnisrichtung der Schüler. Wird es richtig durchgeführt, ist das fragend-entwickelnde Unterrichtsgespräch ein gutes Mittel, um Schüler zu neuen Erkenntnissen anzuregen. Diese werden dann vom Lehrer an der Tafel schriftlich festgehalten.

Variante

- Der Lehrer wechselt zwischen fragend-entwickelndem Gespräch und Vortrag.
- Es werden zunächst Fragen zum Thema gesammelt, die dann vom Lehrer gezielt im Gespräch eingesetzt werden.

Hinweis

- Die Kunst besteht bei dieser Methode darin, die Ideen und Einfälle der Schüler gezielt so weiterzuentwickeln, dass diese zu neuen Erkenntnissen gelangen.
- Es handelt sich hierbei um eine lehrerzentrierte Methode, da der Lehrer derjenige ist, der das Gespräch nach seinen Vorstellungen lenkt. Dem spontanen Reagieren – auf evtl. unerwartete Schülerantworten – sind also Grenzen gesetzt. Trotzdem sollte der Lehrer auf alle Antworten der Schüler eingehen, auch wenn das Gespräch dadurch kurzfristig eine andere Richtung nimmt.

Auf die richtige Frage kommt es an!

Lehrerfragen sollen Schüler zu selbstständigen Denkprozessen anregen, die es ihnen ermöglichen, zu eigenen Erkenntnissen und Schlussfolgerungen zu gelangen. Die richtige Art des Fragens ist eine entscheidende Voraussetzung für guten Unterricht.

Folgende Fragetechniken sind zu empfehlen:

- **Wissensfragen:** Diese Fragen zielen darauf ab, dass die Schüler bereits erworbenes Wissen abrufen.
- **Verständnisfragen:** Der Lehrer stellt Fragen, deren Antworten darauf schließen lassen, ob die Schüler einen Sachverhalt verstanden haben.
- **Geschlossene und offene Fragen:** Auf geschlossene Fragen gibt es nur eine Antwortmöglichkeit (in der Regel ja oder nein). Offene Fragen lassen mehrere Lösungswege zu.
- **Gefühlsgerichtete Fragen:** Diese Fragen beziehen sich auf die emotionale Seite eines Themas („Wie habt ihr euch in dieser Situation gefühlt?").
- **Transferfragen:** Mit diesen Fragen soll überprüft werden, ob die Schüler selbstständig Wissen aus einem bestimmten Bereich auf einen anderen Bereich übertragen können.
- **Ablaufgerichtete Fragen:** Sie haben vor allem die Funktion, Unklarheiten bezüglich des Unterrichtsablaufes zu klären.

Von den folgenden Frageformen ist eher abzuraten:

- **Suggestivfragen:** Diese Fragen zielen nicht auf das Wissen des Schülers, sondern legen ihm die Antwort bzw. eine Erkenntnis quasi schon „in den Mund" („Ihr seid doch auch der Meinung, dass wir etwas gegen den Klimawandel tun müssen, oder?").
- **Stocher-Fragen:** Die Frage des Lehrers ist so undeutlich formuliert, dass die Schüler gar nicht genau wissen, worauf er hinaus will. Die Antworten fallen dementsprechend diffus aus. Doch der Lehrer formuliert seine Frage so lange um, bis er die gewünschte Antwort erhält.

© Verlag an der Ruhr | Postfach 10 22 51 | 45422 Mülheim an der Ruhr | www.verlagruhr.de | ISBN 978-3-8346-0325-8

 # Das offene Unterrichtsgespräch

 Alter
10 – 19 Jahre

 Dauer
45 Minuten

 Ziel
Informationen und Meinungen austauschen

Beschreibung

Die Schüler äußern ihre Meinung bzw. ihr Wissen zu einem bestimmten Thema. Dabei sind alle im Raum – Lehrer und Schüler – gleichberechtigte Gesprächspartner. Es gibt keine „falschen" Antworten. Aussagen, die offenbaren, dass der Schüler etwas nicht verstanden hat, werden zwar korrigiert, aber nicht negativ kommentiert. Der Lehrer übernimmt die Rolle des Moderators: Er nimmt sich weitgehend zurück und lässt den Schülern die Möglichkeit, sich zu äußern. Am Ende werden die gewonnenen Erkenntnisse von ihm und den Schülern zusammengefasst und aufgeschrieben.

Variante

Um etwas Bewegung in das Gespräch zu bringen und es gleichzeitig zu ordnen, „wandert" währenddessen ein kleiner Ball von Schüler zu Schüler. Nur wer den Ball hat, darf sprechen. Wer gesprochen hat, wirft ihn einem anderen Schüler zu und erteilt ihm damit das Wort. Der Lehrer achtet darauf, dass jeder an die Reihe kommt.

Hinweis

→ Ziel dieser Methode ist nicht der Erkenntnisgewinn der Schüler. Sie räumt dafür der Persönlichkeit des Schülers mehr Platz im Unterricht ein.
Die Offenheit im Ergebnis macht diese Methode besonders spannend.

→ Wichtig für ein gutes Unterrichtsgespräch ist, dass alle darauf achten, dass die Gesprächsregeln (s. S. 83) eingehalten werden.

Gesprächsregeln

- ⏵ Wir schaffen eine offene und freundliche Gesprächsatmosphäre. Jeder sollte jeden sehen können.
- ⏵ Wir hören einander zu.
- ⏵ Wir lassen einander ausreden.
- ⏵ Wir sprechen laut, deutlich und in vollständigen Sätzen.
- ⏵ Wir denken zuerst und reden dann.
- ⏵ Wir melden uns, wenn wir etwas sagen wollen.
- ⏵ Wir sagen „ich" und weniger „wir" und „man", wenn es um uns selbst geht.
- ⏵ Wir vermeiden Verallgemeinerungen und Vorurteile.
- ⏵ Wir achten auf die Körpersprache der anderen (Gestik, Mimik, Haltung) und auf unsere eigene.
- ⏵ Wir sehen den an, der gerade spricht. Wenn wir sprechen, sehen wir unsere Zuhörer an.
- ⏵ Wir versuchen weniger Vermutungen, sondern eher Gefühle und Empfindungen auszusprechen.
- ⏵ Wir bleiben beim Thema und vermeiden es, alte Probleme aufzuwärmen.
- ⏵ Wir versuchen, möglichst viele aktiv in das Gespräch mit einzubeziehen, indem wir ihnen z.B. Fragen stellen.
- ⏵ Wir begründen unsere eigene Meinung.
- ⏵ Wir stellen niemand bloß und verbinden Kritik mit Verbesserungsvorschlägen.
- ⏵ Wir vermeiden lange Monologe und lassen auch andere zu Wort kommen.

(Informationen aus:
Arthur Thömmes, ÜberLeben.
88 Arbeitsblätter für
den Religionsunterricht.
Deutscher Katecheten-
Verein, München 2002)

© Verlag an der Ruhr | Postfach 10 22 51 | 45422 Mülheim an der Ruhr | www.verlagruhr.de | ISBN 978-3-8346-0325-8

 # Das gelenkte Unterrichtsgespräch

 Alter
10 – 19 Jahre

 Dauer
45 Minuten

 Ziel
ein Thema im Gespräch erarbeiten

Beschreibung

Durch das gelenkte Unterrichtsgespräch versucht der Lehrer, die Schüler mit einem Thema vertraut zu machen, ihr Vorwissen zu aktivieren und sie zum Nachdenken anzuregen. Er gibt den Ausgangspunkt bzw. das Thema des Gespräches vor (z.B.: „Berichtet, was ihr über die USA wisst."). Die Beiträge der Schüler können inhaltlich stark voneinander abweichen. Um das Gespräch in eine gewisse Richtung zu lenken, gibt der Lehrer durch Rückfragen, zusätzliche Informationen oder Arbeitsaufträge Impulse. Somit äußern sich die Schüler relativ frei, gleichzeitig greift der Lehrer jedoch immer wieder in den Gesprächsverlauf ein, um die Schüler dazu anzuregen, das Thema in einer gewissen Richtung weiter zu verfolgen. Der Lehrer notiert Zwischenergebnisse und neue Erkenntnisse an der Tafel.

Variante

Der Lehrer zeichnet den Verlauf des Gespräches an der Tafel als grafisches Gesprächsprotokoll mit. Er notiert z.B. genannte Schlüsselbegriffe in der Reihenfolge, in der sie genannt wurden, und verbindet sie mit Linien. Begriffe, die zwar mit dem Thema zu tun haben, jedoch für den weiteren Verlauf des Unterrichts keine Rolle spielen, werden seitlich notiert etc.

Hinweis

◉➜ Alle Äußerungen der Schüler werden vom Lehrer beachtet und gewürdigt, selbst wenn sie unsachlich oder falsch sind.

◉➜ Der Lehrer fordert die Schüler auch auf, ihren Standpunkt kritisch zu hinterfragen.

◉➜ Der Lehrer sollte auf einen motivierenden Einstieg und einen zusammenfassenden und reflektierenden Abschluss des Gespräches achten.

Alter
14–19 Jahre

Dauer
20 – 30 Minuten

Ziel
➡ aktiv zuhören
➡ sich auf Thema und Gesprächspartner konzentrieren

Beschreibung
Jeweils 4–8 Schüler bilden eine Gruppe und setzen sich in einen Kreis. Der Lehrer gibt ein Thema vor. Ein Gruppenmitglied nimmt in 2–3 Sätzen Stellung zum Thema. Der folgende Schüler wiederholt zunächst mit einem Satz die Aussage seines Vorredners und nennt – ebenfalls in 2–3 Sätzen – seine Position. Nach diesem Verfahren äußert sich jeder in der Gruppe. Anschließend findet ein neuer Durchgang statt.

Variante
Das Gespräch findet nach dem Schneeballsystem statt. Nach einem Rededurchgang gehen zwei Gruppen zu einer zusammen, d.h. die Gruppengröße verdoppelt sich. Auf Viererfolgen Achtergruppen usw. Am Schluss wird das Gespräch im Plenum beendet.

Hinweis
➡ Diese Gesprächsmethode verlangt eine hohe Konzentration auf den Gesprächspartner und die Formulierung der eigenen Meinung.
➡ Wichtig ist nicht nur die verbale Kommunikation. Es sollte auch auf die Körpersprache geachtet werden.

Alter
14 – 19 Jahre

Dauer
90 Minuten

Material
Tafel oder Flipchart

Ziel
→ ein Thema spielerisch erarbeiten
→ die verschiedenen Aspekte eines Themas kennenlernen
→ freies argumentatives Sprechen einüben

Beschreibung
Das bei vielen Jugendlichen beliebte Fernsehformat der Talkshow soll hier eingesetzt werden, um die verschiedenen Aspekte eines Themas durch Rollenspiel zu vertiefen. Die Auseinandersetzung mit einem Thema auf persönlicher Ebene fördert die Verarbeitung der Lerninhalte.

1. Vorbereitung:
Zu einer Streitfrage (z.B.: „Sollen Menschen, die häufig fliegen, eine CO_2-Abgabe zahlen?") werden unterschiedliche Standpunkte gesammelt. Die Schüler bilden anschließend Gruppen, von denen jede einen anderen Standpunkt vertritt. Im Team tragen die Schüler die Argumente zusammen, durch die sie ihre Position vertreten wollen. Pro Gruppe nimmt anschließend ein Schüler an der Talkshow teil, um dort den erarbeiteten Standpunkt zu vertreten.

2. Durchführung:
Die Vertreter der einzelnen Gruppen setzen sich zu einer Talkrunde zusammen und tauschen ihre Argumente aus. Der Lehrer übernimmt die Moderation. Die restlichen Gruppenmitglieder bilden das Publikum und stellen Fragen an die Diskussionsteilnehmer.

3. Reflexion:
Der Lehrer hält die gesammelten Argumente an der Tafel stichwortartig fest.

Variante
Die Vertreter der Gruppen in der Talkrunde können während der Diskussion bzw. „in der Werbepause" ausgetauscht werden.

Hinweis
Diese Methode basiert auf dem Vorbild seriöser Diskussionsrunden, wo Talkgäste unter der Leitung eines Moderators über ein provokantes Thema sprechen. Die Schüler sollten nicht den Teilnehmern von Talkshows nacheifern, bei denen sich Menschen gegenseitig beleidigen und verbal angreifen.

Alter
10–19 Jahre

 Dauer
45 Minuten

 Ziel
→ Argumente zu einem Thema sammeln und austauschen
→ Stellung beziehen

Beschreibung

Bei einer Diskussion werden verschiedene, meist kontroverse Positionen und Ein-stellungen ausgetauscht. Dabei ist die Überzeugungskraft der eigenen Argumente entscheidend für den Erfolg. Um sich auf das Gespräch vorzubereiten, sollte den Schülern Informationsmaterial bereitgestellt werden. Die Schüler sollten mindes-tens 15 Minuten Zeit haben, um sich eine Meinung zu bilden und Argumente zu sammeln. Die Schüler sollten nach Möglichkeit eine logische Argumentationslinie entwickeln, die sich immer wieder auf die Hauptfrage bezieht. Auch sollten bei der Vorbereitung die möglichen Gegenargumente miteinbezogen werden, um entsprechend reagieren zu können. Anschließend findet die Diskussion statt. Der Gesprächsleiter achtet dabei darauf, dass die Teilnehmer sachlich bleiben und die vereinbarten Gesprächsregeln (s. S. 83) einhalten. Am Schluss fasst er die Ergeb-nisse zusammen.

Variante

→ Für die Diskussion werden stille Zeichen vereinbart, die dem jeweiligen Redner Rückmeldung geben, z.B.: Daumen nach oben: „Das ist super".
→ Die Diskussion wird in Form eines Schreibgesprächs durchgeführt. Die Schüler tauschen sich ausschließlich in schriftlicher Form aus, indem sie ihre Aussagen aufschreiben bzw. die der anderen schriftlich kommentieren.

Hinweis

Bei der Diskussion als einem Teil der Erarbeitungsphase ist es wichtig, dass die Schüler immer auch auf die Argumente der Gesprächspartner eingehen.

Alter
10–19 Jahre

Dauer
10–15 Minuten

Material
evtl. Flipchartseite

Ziel
→ Verständnis eines Themas klären
→ in Kleingruppen Informationen austauschen

Beschreibung
Die Schüler bilden 3er-Gruppen und besprechen im Flüsterton („murmeln")
ihre offenen Fragen zu einem Text oder einem Lehrervortrag:
→ Was war für mich verständlich?
→ Was habe ich nicht verstanden?
→ Welche Frage möchte ich unbedingt noch stellen?

Die gesammelten Fragen werden anschließend im Klassenplenum angesprochen
und vom Lehrer oder von den Schülern beantwortet.

Variante
→ Die Fragen werden auf einer Flipchartseite notiert.
→ Die Gruppe versucht, gemeinsam die Fragen selbst zu beantworten und
präsentiert Frage und Antworten im Plenum.

Hinweis
Es ist sinnvoll, ab und zu solche Murmelrunden als feste Rituale in den Unterricht
einzubauen. So erfährt der Lehrer, inwieweit die Informationen von den Schülern
verarbeitet wurden.

Planspiel

Alter
14 – 19 Jahre

Dauer
6 – 8 Unterrichtsstunden

Material
Spielanleitung, Rollenkarten, Auswertungsblätter

Ziel
> durch Interaktion spielerisch Lernen
> Informationen verarbeiten

Beschreibung

Das Planspiel ist eine spielerische Methode, bei der Informationen beschafft und verarbeitet werden. Dabei werden durch die Interaktion verschiedener Interessensgruppen Positionen und Argumente ausgetauscht und begründet. Das Rollenspiel simuliert ein komplexes Problem, wie es auch in der Realität vorkommt. Es fordert die Schüler dazu auf, sinnvolle Entscheidungen zu treffen und Lösungen zu entwickeln.

Das Planspiel verläuft in drei Phasen:

1. **Vorbereitungsphase:** Die Schüler werden mit der Ausgangssituation vertraut gemacht. Sie finden sich zu verschiedenen Gruppen zusammen, die die einzelnen Rollen übernehmen. Jedem Team wird ein eigener Raum zugewiesen. Der Lehrer bildet als Spielleitung die zentrale Steuerungsinstanz des Planspiels. Ein Redaktionsteam bereitet sich darauf vor, das Zusammenspiel der Gruppen zu dokumentieren.

2. **Spielphase:** Die einzelnen Gruppen denken sich in ihre Rolle hinein und planen Strategien und Handlungsschritte. Kontaktaufnahmen mit anderen Gruppen (z.B. durch Briefe) oder Aktionen (Konferenzen, Demonstrationen, Flugblätter) werden schriftlich festgehalten und laufen über die Spielleitung. Das Redaktionsteam dokumentiert den Ablauf des Spiels. Welche Handlungsräume die Schüler nutzen, um das Problem zu lösen, ist ihnen überlassen. Diese

Offenheit sorgt dafür, dass die Arbeit mit Planspielen in Teilen unvorhersehbar bleibt. Das Ziel des Planspieles ist es, die Ausgangslage – das Problem – so zu verändern, dass bei allen beteiligten Parteien größtmögliche Zufriedenheit über die Lösung herrscht.

3. **Reflexionsphase:** Der Verlauf des Planspiels und seine Ergebnisse werden mit Hilfe der Aufzeichnungen der Dokumentationsgruppe beurteilt.

Regeln für das Planspiel

1. Jede Gruppe erhält die Spielregeln und die Beschreibung der Ausgangslage in schriftlicher Form, Rollenspielkarten und Arbeitsmaterial sowie Informationsmedien (Papier, Stifte, Computer mit Internetzugang, Drucker, Lexika, Fachliteratur usw.)
2. Jede Gruppe wechselt zum Arbeiten in einen eigenen Raum.
3. Die einzelnen Aktionen werden schriftlich festgehalten.
4. Die Gruppen kommunizieren nur schriftlich in Form von Briefen, die über die Spielleitung laufen, miteinander.
5. Ein Redaktionsteam dokumentiert die einzelnen Spielzüge.
6. Um Verlauf und Ergebnisse des Planspiels am Schluss zu reflektieren, beantworten die einzelnen Gruppen folgende Fragen:

   - ➡ Wie haben wir uns beim Planspiel gefühlt?
   - ➡ Wie hat unsere Gruppe zusammengearbeitet?
   - ➡ Wie ist jeder Einzelne mit seiner Rolle zurechtgekommen?
   - ➡ Welche Strategien und Aktionen hat unsere Gruppe entwickelt und durchgeführt?
   - ➡ Was haben wir gelernt bzw. welche neuen Erkenntnisse haben wir gewonnen?
   - ➡ Worüber möchten wir noch gerne mehr wissen?
   - ➡ Ist unsere Problemlösung realistisch oder in der Wirklichkeit kaum umsetzbar?

Hinweis

Es ist sinnvoll, ein Planspiel an einem Projekttag bzw. über mehrere Stunden am Stück durchzuführen (z.B. 1. – 6. Stunde). Planung und Reflexion können vorher bzw. nachher geschehen.

Alter
10 – 19 Jahre

Dauer
45 – 90 Minuten

Material
Rollenkarten

Ziel
Situationen und Probleme spielerisch darstellen

Beschreibung

Das Rollenspiel ermöglicht es Schülern, ihr erworbenes Wissen dadurch zu vertiefen, dass sie daraus Verhaltensweisen und Argumente ableiten und diese spielerisch umsetzen. Der Lehrer beschreibt den Schülern die (möglichst realitätsnahe) Situation und die daran beteiligten Personen. Nach einer kurzen Erläuterung und Klärung von Fragen werden die Rollen verteilt. Dabei können – je nach Klassengröße – mehrere „Spielensembles" mit jeweils den gleichen Rollen gebildet werden. Es bleibt dem Lehrer überlassen, ob die Rollenbeschreibungen sehr differenziert sind, oder ob die Spieler die Möglichkeit erhalten, die Rollen mit eigenen Ideen zu füllen. In jedem Fall sollen die Spieler sich mit Hilfe der Angaben auf der Rollenkarte in ihre Position hineindenken und Argumente für ihre Rolle entwickeln. Die Zuschauer erhalten konkrete Beobachtungsaufgaben, z.B.:

→ Welche Argumente waren am überzeugendsten?
→ Formuliere die Kernsätze (wichtigsten Aussagen) der einzelnen Rollenspieler!

Im Anschluss kommt zunächst das Publikum zu Wort, das seine Beobachtungen erläutert. Die Ergebnisse des Rollenspiels werden dann an der Tafel zusammengefasst.

Variante

Das Rollenspiel wird mit einer leicht abgeänderten Ausgangssituation wiederholt und mit der ersten Version verglichen.

Alter
10 – 19 Jahre

Dauer
je nach Themenumfang (ca. 6 – 10 Unterrichtsstunden)

Ziel
selbstständige Aneignung von Wissen

Beschreibung

Projektarbeit führt zu einem Unterricht, der v.a. durch die Selbstbestimmung und Selbsttätigkeit der Schüler bestimmt wird. Diese Methode wird zwar seit Jahrzehnten von den Didaktikern beworben, dennoch hat sie sich nur mit mäßigem Erfolg an den Regelschulen etabliert. Häufig bleibt sie für die Zeit nach dem Notenschluss oder für Projekttage außerhalb des regulären Unterrichts reserviert. Die folgende Beschreibung der Projektarbeit soll dazu anregen, sie regelmäßig in den Unterricht zu integrieren. Sie ist eine hervorragende Möglichkeit, Schüler auf die Herausforderungen der Arbeitswelt vorzubereiten und gleichzeitig dabei ihre individuellen Bedürfnisse und Interessen zu berücksichtigen. Die folgenden (ausgewählten) Merkmale von Projektarbeit machen deutlich, weshalb:

Projektarbeit …
- ist an den Interessen der Schüler orientiert,
- fördert die Fähigkeit zu Selbstorganisation und Selbstverantwortung,
- widmet sich – fächerübergreifend – einem Thema von gesellschaftlicher Relevanz und Aktualität.

Ablauf:
Die Projektarbeit verläuft in 4 Phasen:

1. Planung:
Die Schüler sollen ihre Projektarbeit von der Themenfindung bis zur Durchführung selbst organisieren und bearbeiten. Voraussetzung dafür ist eine gute Planung. Zu Beginn der Planungsphase entwickeln die Schüler aus dem übergeordneten Thema (z.B.„Unsere Stadt zwischen Mittelalter und Neuzeit") ihre konkrete

Aufgabenstellung selbst (z.B. „Einfluss der Patrizierfamilien auf Nürnberg heute"). Aufgabenverteilung, genaues Vorgehen, Zeit- und Materialbedarf und die Art, wie sie ihre Ergebnisse anschließend präsentieren, legen die Teams ebenfalls selbst fest.

2. Durchführung:

Die Teams machen sich – ihrer Planung entsprechend – auf die Suche nach Informationen. Dabei beziehen sie möglichst viele außerschulische Lernorte und Informationsquellen mit in ihre Recherche ein. Ihre Ergebnisse verarbeiten sie zu Texten, Grafiken, Bildern etc. – wie sie das erworbene Wissen darstellen, bleibt ihnen überlassen. Der Lehrer hat die Rolle des Moderators, Beobachters und Beraters. Damit sie dabei nicht den Überblick verlieren, sollten die Schüler regelmäßig ihre Fortschritte reflektieren. Dazu gehört auch, dass sie nach der Hälfte der Arbeitszeit eine Zwischenbilanz ziehen: Im Gespräch mit dem Lehrer wird der Blick dabei besonders auf die bisherigen Erfolge und die Möglichkeiten der Weiterentwicklung gelegt. Ihre Reflexion können die Schüler auch schriftlich in einem Projekttagebuch festhalten. Am Ende der Arbeitsphase steht die Präsentation, an der sich möglichst alle Gruppenmitglieder beteiligen sollten.

3. Reflexion:

Jeder Schüler schreibt am Ende der Projektarbeit einen persönlichen Erfahrungsbericht, in dem er den gesamten Projektverlauf reflektiert. Das Projekttagebuch kann dabei eine Hilfestellung sein. In diesem Bericht hält der Schüler seine Erfahrungen fest und schätzt seinen Lernerfolg ein. Seine Fähigkeit zur kritischen Reflexion steht hierbei im Mittelpunkt. Dieser Erfahrungsbericht kann in die anschließende Bewertung der Einzelleistungen mit einfließen.

4. Aus- und Bewertung:

Jedes Gruppenmitglied erhält eine individuelle Bewertung, die auf einzelne Kompetenzen Bezug nimmt. Auch die Gruppenleistung kann gewürdigt werden. Im Plenum oder in Einzelgesprächen mit dem Lehrer werden die Ergebnisse erläutert.

Alter
10 – 16 Jahre

Dauer
3 – 4 Unterrichtsstunden

Material
mehrere Lernstationen mit unterschiedlichen Lernmaterialien
und Medien

Ziel
Lerninhalte selbstständig erschließen und vertiefen

Beschreibung

Stationenlernen ist eine Form von Freiarbeit, bei der die vorbereiteten Aufgaben
und Materialien zusätzlich noch zu einzelnen Stationen gebündelt und im Klassenraum verteilt werden. In welcher Reihenfolge und wie lange sich die Schüler
an diesen Stationen aufhalten, entscheiden sie selbst. Damit fördert Stationenlernen v.a. das selbstständige und eigenverantwortliche Lernen.

**Der Lehrer bereitet die Stationen vor. Dabei sollte er folgende Grundregeln
beachten:**

- ⇥ Die Stationen sind in einer sinnvollen Reihenfolge angeordnet und durchnummeriert.
- ⇥ Die Aufgaben- bzw. Arbeitsblätter sollten so gestaltet sein, dass sie die Schüler zum selbstständigen Lernen motivieren und sofort vermitteln, was zu tun ist.
- ⇥ Die Schüler können (an der jeweiligen Station oder einer Kontrollstation) ihre
Ergebnisse selbstständig kontrollieren.

Der Mehraufwand der Vorbereitung lohnt sich: Während der Stunde arbeiten
die Schüler weitgehend selbstständig. Das entlastet den Lehrer, und er kann sich
einzelnen Schülern widmen. Damit dient Stationenlernen auch der individuellen
Förderung.

Die Schüler durchlaufen eine Station nach der anderen und bearbeiten die Aufgaben dort so selbstständig wie möglich. Die Aufgaben sollten für alle Schüler lösbar sein, um sie für das selbstständige Lernen ohne ständige Kontrolle zu motivieren. Ein wichtiger Aspekt des Stationenlernens ist außerdem, dass die Schüler ihre Ergebnisse z.B. durch Kontrollbögen selbstständig überprüfen. Das eigenverantwortliche Planen des Lernprozesses wird durch Laufkarten unterstützt. Darauf notieren die Schüler die Stationen, die sie schon absolviert haben. Damit behalten sie den Überblick über das noch ausstehende Stationenpensum. Während der Arbeit können sich die Schüler gegenseitig unterstützen und verbessern. Einige Stationen können zu zweit oder in Kleingruppen bearbeitet werden.

Auch wenn der Lehrer das Geschehen im Unterricht nicht direkt steuert, hat er jedoch eine wichtige Funktion: Er beobachtet die Schüler genau, berät sie und gibt ihnen bei Bedarf Hilfestellung.

Hinweis

- Stationenlernen erstreckt sich sinnvollerweise über mehrere Unterrichtsstunden.
- Eine Aufteilung in Pflicht- und Wahlstationen ist möglich.

Alter
14–19 Jahre

Dauer
variabel, je nach Lerninhalt

Material
Informationsmaterial, Papier, Stifte

Ziel
- ➡ ein Thema eigenverantwortlich erarbeiten
- ➡ Informationen präsentieren
- ➡ kooperatives Lernen trainieren

Beschreibung

Der Name dieser Methode geht auf das Prinzip zurück, dass jeder Schüler einen Wissensbaustein (ein „Puzzleteil") zum Lernprozess der gesamten Gruppe (dem „Puzzle") beiträgt. Die Lerngruppe wird in mehrere Kleingruppen (4–5 Schüler) aufgeteilt, denen jeweils ein Unterthema des übergeordneten Lerngegenstandes zugewiesen wird. Jedem Gruppenmitglied wird zusätzlich noch ein Teilbereich des Unterthemas zugeteilt. Lautet das Oberthema z.B. „Säugetiere", könnten die Gruppen die Unterthemen „Nagetiere", „Raubtiere", „Beuteltiere" etc. erhalten. Innerhalb der Gruppen könnten sich die einzelnen Schüler dann den unterschiedlichen Familien, z.B. innerhalb der Ordnung „Nagetiere", zuwenden. Für weitere Informationen greifen sie auf Material zurück, das der Lehrer bereitgestellt hat. Dieses Material sollte bereits didaktisch aufbereitet sein, damit sich die Schüler innerhalb kürzester Zeit mit ihrem Spezialgebiet vertraut machen können. Nachdem jeder Schüler zunächst für sich Informationen zusammengetragen hat, setzen sich die Teammitglieder zusammen, diskutieren und vergleichen ihre Ergebnisse.

Variante

Das Informationsmaterial beschränkt sich auf eine Seite.

Alter
14 – 19 Jahre

Dauer
20 – 30 Minuten

Material
Pinnwand (z.B. Stellwand), Kärtchen

Ziel
ein Thema auf der sachlichen wie auch emotionalen Ebene erschließen

Beschreibung

Diese Methode will die Schüler dazu anregen, ein Thema sowohl auf der Sach-
wie auch auf der Gefühlsebene zu erschließen. Dazu bezieht sie sich mittels eines
Rollenspieles auf die unterschiedlichen Funktionen der beiden Gehirnhälften. Nach
der Einarbeitung in das Thema formuliert der Lehrer eine konkrete Fragestellung,
z.B.: „Ein Organspendeausweis sollte für jeden Bürger verpflichtend werden."
Die Schüler bilden anschließend Zweierteams und schlüpfen in die „Rolle" jeweils
einer Gehirnhälfte. Die linke Gehirnhälfte ist beim Menschen der Ort des rational-
analytischen Denkens. Sie analysiert Fakten und fällt auf dieser Grundlage Urteile
und Entscheidungen. Gefühle spielen dabei keine Rolle. Die rechte Gehirnhälfte ist
der Sitz der Gefühle, der Kreativität und der Intuition. Hier entwickelt der Mensch
Argumente aus einer emotionalen Perspektive. Die Schüler in den Zweierteams
entwickeln nun ihrer Rolle entsprechend Argumente, mit denen sie ihre – ratio-
nale oder emotionale – Position vertreten, und tauschen sie untereinander aus.
Anschließend werden alle Äußerungen aus den Zweierteams im Plenum zusammengetragen, aufgeschrieben und an eine Pinnwand geheftet, sodass emotionale
und sachliche Sichtweise sich gegenüberstehen. So können die Argumente erst im
Plenum verglichen und dann beurteilt werden.

Variante

Nach einem ersten Durchgang tauschen die Schüler in den Zweierteams die Rollen.

Alter
10 – 19 Jahre

Dauer
10 – 15 Minuten

Material
Pinnwand, Karten, Stifte, Nadeln

Ziel
die Vielschichtigkeit eines Themas darstellen

Beschreibung

Das Wort „Circept" ist eine Zusammensetzung aus den Wörtern „circle" (engl.: Kreis) und „concept" (engl.: Konzept) und beschreibt damit die Vorgehensweise und das Ziel der Methode in einem. Diese Methode ist eine gute Möglichkeit, um in der Klasse spontan Assoziationen zu sammeln und zu strukturieren. Dadurch wird das Vorwissen der Schüler aktiviert und eine gewisse Erwartungshaltung aufgebaut – beides erleichtert die anschließende Informationsverarbeitung. Der Lehrer nennt einen Begriff oder schreibt ihn an die Tafel. Die Schüler notieren ihre Einfälle bzw. Ideen dazu auf Kärtchen. Anschließend bilden sie Kleingruppen mit je 3 – 4 Teilnehmern. Die Schüler bringen innerhalb der Teams ihre zuvor beschrifteten Karten in folgende Ordnung: Ähnliche Ideen oder Einfälle werden nebeneinander- und unterschiedliche ihnen gegenübergelegt. Die Aufgabe der Schüler besteht also zunächst darin, die Sammlung an Assoziationen zu strukturieren und diese Struktur durch eine sichtbare Ordnung darzustellen. Anschließend werden die Karten an eine Pinnwand geheftet, und die unterschiedlichen Gruppen vergleichen ihre Ergebnisse. Aus den Einzelergebnissen legen die Schüler anschließend einen Kreis, entsprechend den oben genannten Vorgaben (das Circept). Indem einzelne Begriffe bzw. Assoziationen weiterverfolgt werden, ergeben sich unterschiedliche Möglichkeiten für eine Weiterarbeit.

Variante

Die Gruppenarbeit entfällt. Alle Ideen der Gesamtgruppe werden sofort gesammelt und anschließend mit Hilfe des Circepts strukturiert.

 Alter
14 – 19 Jahre

 Dauer
45 Minuten

 Material
Arbeitsblatt, Film, Stifte

 Ziel
> ⏵ sich eine Meinung bilden
> ⏵ Argumente suchen und diskutieren

Beschreibung

Nach einem Lehrervortrag oder dem Vorführen eines Films wird eine konkrete
Fragestellung formuliert. Sie sollte ein gewisses Diskussionspotenzial besitzen,
z.B.: „Sind die Menschenrechte immer und überall gültig, oder müssen sie der
jeweiligen Kultur und Zeit angepasst werden?" Die Schüler bilden daraufhin
Gruppen. Jedes Team soll innerhalb von 10 Minuten zunächst mündlich Pro- und
Kontra-Argumente zur Streitfrage sammeln. Jedes Gruppenmitglied sollte dabei
zu Wort kommen. Anschließend werden die Argumente notiert. In der nächsten
Phase (weitere 10 Minuten) werden die Argumente noch einmal vorgelesen, und
jedes Teammitglied bezieht mündlich Stellung dazu, z.B.: „Dem stimme ich nicht
zu, weil die Auslegung der Menschenrechte sonst den Mächtigen im Staat überlassen bleibt." Wichtig ist, dass die Schüler ihren Standpunkt immer auch begründen können. Schließlich sollte es der Gruppe dennoch gelingen, einen weitgehend einheitlichen Konsens herbeizuführen. Ihre Position begründen sie schriftlich
in Stichworten. Falls dieses einer Gruppe nicht gelingt, sollte sie die Gründe dafür
nennen. In der Schlussphase stellen die einzelnen Gruppen ihre Positionen vor.

Variante

Die Diskussionsfrage wird schon vor dem Vortrag des Lehrers bzw. vor dem Film
formuliert. Die Gruppen sammeln schon während der Informationsphase Argumente und halten sie schriftlich fest.

Alter
14 – 19 Jahre

Dauer
45 Minuten

Material
Papier, Stifte, Tafel

Ziel
➡ sich in verschiedene Sichtweisen hineindenken
➡ kooperativ mit anderen nach Lösungen suchen

Beschreibung

Der Lehrer stellt die unterschiedlichen Sichtweisen auf eine kontroverse Fragestellung dar, z.B.: „Eine Klassenfahrt fördert nur das Cliquenverhältnis in der Klasse." „Eine Klassenfahrt verbessert die Klassengemeinschaft." Die Schüler bilden Zweierteams, wählen eine Position und diskutieren diese untereinander (ca. 3 Minuten lang). Dann gehen jeweils zwei Zweiergruppen mit unterschiedlichen Positionen zusammen. Jede Seite hat nun 5 Minuten Zeit, ihre Sichtweise darzulegen. Anschließend wird nun über die Meinungsunterschiede diskutiert, und jede Gruppe versucht, die Gegenseite von ihrer Position zu überzeugen. Auf ein Zeichen des Lehrers tauschen die Zweierteams die Rollen. Nun vertritt jedes Paar jeweils den Standpunkt der anderen Gruppe und widerspricht somit seiner ursprünglichen Position. Wieder werden die Meinungen ca. 5 Minuten lang ausgetauscht und diskutiert. Am Ende muss sich jede Gruppe auf eine Position geeinigt haben und sie anschließend der Klasse vortragen.

Hinweis

Bei dieser Methode geht es v.a. darum, auf kooperativem Weg zu einer Problemlösung zu gelangen. Die Schüler schulen ihr Verständnis für andere Sichtweisen und hinterfragen gleichzeitig eigene Standpunkte, indem sie sich in verschiedene Positionen hineinversetzen. Aktives Zuhören spielt hier eine wichtige Rolle.

Alter
14–19 Jahre

Dauer
10 – 15 Minuten

Material
Seil bzw. lange Schnur, Positionsblätter, Tafel

Ziel
Stellung zu einem Thema beziehen

Beschreibung

Die Schüler lesen einen Text, der ein kontroverses Thema behandelt. Der Lehrer formuliert strittige Aussagen, die sich auf den Text beziehen, und schreibt sie an die Tafel, z.B.: „Medikamententests an Menschen sind völlig ungefährlich."
Die Schüler sollen nun Stellung zu diesen Aussagen nehmen und ihren Standpunkt auch im wörtlichen Sinne durch ihre Positionierung im Raum ausdrücken. Zu diesem Zweck wird ein Seil in die Mitte des Klassenraumes gelegt. Links und rechts davon liegen je drei Blätter, die mit jeweils einem der folgenden Sätze beschriftet sind:

- Ich stimme überhaupt nicht zu.
- Ich stimme kaum zu.
- Ich bin nicht dafür und nicht dagegen.

- Ich stimme eher zu.
- Ich stimme weitestgehend zu.
- Ich stimme 100%ig zu.

Die Aussagen des Lehrers sollten so formuliert sein, dass sie zu einer Stellungnahme herausfordern. Nachdem eine Aussage vorgelesen wurde, platzieren sich die Schüler hinter dem Blatt, das ihre Position repräsentiert. Auf diese Weise muss jeder Stellung beziehen und sich mit den strittigen Sichtweisen auseinandersetzen. Erst nach dieser „Positionsabfrage" wird der Text intensiver erschlossen.

Variante

Nachdem die Schüler ihren Standpunkt eingenommen haben, können sie mit den anderen darüber diskutieren. Wer anschließend seine Einstellung ändert, muss auch seine Position verändern.

Alter
10 – 19 Jahre

Dauer
45 Minuten

Material
CD, CD-Player, Liedtext

Ziel
Inhalte über Popmusik erschließen

Beschreibung

Auch im Popgenre widmen viele Künstler ihre Titel aktuellen gesellschaftlichen oder politischen Themen. Die folgende Methode macht sich die Beliebtheit von Popmusik bei Jugendlichen zu Nutze, um bestimmte Inhalte im Unterricht zu thematisieren und die Schüler besonders dafür zu motivieren.

Richtet das Publikum bereits vor dem Hören eine gewisse Erwartungshaltung an das Musikstück, fördert dies das Hörverständnis. Deshalb stellt der Lehrer vorab folgende Fragen an die Schüler:

- ➡ Wie wirkt die Musik auf mich?
- ➡ Welche Aussage wird durch den Text des Liedes getroffen?
- ➡ Passen Melodie und Text zusammen?

Die Schüler hören anschließend das Lied mehrere Male. Dann beantworten sie die Fragen im Plenum. In einer zweiten Runde erhalten die Schüler den Text des Liedes in schriftlicher Form, und der Lehrer nennt das Thema, das in Verbindung damit steht. Die Schüler hören das Lied erneut. Anschließend sollen sie den Zusammenhang zwischen Text und Thema erläutern.

Hinweis

Wenn Schüler Lieder in den Unterricht mitbringen, geben sie dabei auch in gewisser Weise etwas Persönliches von sich preis. Deshalb sollten die Lieder auf keinen Fall übermäßig kritisiert oder die Texte zerredet werden.

Kontrafraktur

 Alter
14 – 19 Jahre

 Dauer
45 Minuten

 Material
Textblatt, Papier, Stifte, Flipchart

 Ziel
einen Text umdeuten

Beschreibung

Ein Liedtext oder ein Gedicht werden in ca. 8–10 Teile zerschnitten, sodass einzelne Textpassagen bzw. Sätze noch lesbar sind. Die einzelnen Textteile werden ihrer ursprünglichen Reihenfolge nach nummeriert. Die Schüler bilden anschließend Gruppen in der Anzahl der vorhandenen Textteile. Sie sollen nun einen Gegenentwurf dazu formulieren und ihn auf einen (ebenfalls nummerierten) Textstreifen schreiben. Dabei kann es sich um einen Text handeln, der die Aussage des Originals z.B. widerlegt oder satirisch verfremdet. Dafür haben die Teams etwa 10 Minuten Zeit. Anschließend werden die Textteile eingesammelt und auf eine Flipchartseite in der richtigen Reihenfolge aufgeklebt. Der so neu entstandene Gesamttext wird zunächst vorgelesen und dann evtl. sprachlich überarbeitet. Anschließend geben die Schüler ihre Assoziationen zu dem Text wieder. In der kommenden Unterrichtsstunde wird schließlich der Originaltext eingeführt und besprochen.

Variante

Die Textteile werden gemischt und auf einzelne Flipchartseiten geklebt. Die Schüler notieren darauf jeweils eine neue Textzeile. Dann werden die Seiten in der richtige Reihenfolge aneinandergelegt.

Hinweis

Diese Methode geht auf das alte Prinzip der Kontrafraktur zurück. Dabei wird ein weltliches Lied unter Beibehaltung der Melodie mit einem geistlichen Text versehen.

Alter
10–19 Jahre

Dauer
45 Minuten

Fotosynthese

Material
Text, Karteikarten, Stifte, Tafel

Ziel
Schlüsselbegriffe eines Textes finden und klären

Beschreibung

Die Schüler erhalten einen Sachtext mit der Aufgabe, die wichtigsten Begriffe darin zu markieren. Anschließend werden die gefundenen Schlüsselbegriffe in alphabetischer Reihenfolge an der Tafel notiert. Jeder Schüler legt sich nun ein Schlagwortregister an, indem er jeden der Begriffe (mit Bleistift!) auf ein Kärtchen schreibt und sie mit einer kurzen Beschreibung bzw. Erläuterung versieht. Im Laufe der Unterrichtseinheit nimmt das Wissen der Schüler zu den einzelnen Begriffen immer weiter zu. Das ermöglicht es ihnen, ihr individuelles Schlagwortregister zu korrigieren und zu ergänzen.

Variante

→ Jeder Schüler erhält eine bestimmte Anzahl von Schlüsselbegriffen, für deren ständige Aktualisierung er verantwortlich ist. Am Ende der Unterrichtseinheit erhält jeder Schüler das komplette Schlagwortregister.

→ Ergänzend zu jeder Karteikarte wird eine Frage-Antwort-Karte angelegt. Dabei steht die Frage auf der Vorderseite, die Antwort wird auf der Rückseite notiert.

Hinweis

Das Schlagwortregister hilft beim Lernen und Wiederholen eines Sachgebietes.

 Alter
14–19 Jahre

 Dauer
45 Minuten

 Material
Blätter, Stifte, Informationsmaterial

 Ziel
komplexe Lerninhalte erschließen bzw. verstehen

Beschreibung

Dieser Methode liegt das Prinzip des kooperativen Lernens zu Grunde. Nach der Einführung in einen Themenbereich sollen die Schüler sich dessen, was sie noch nicht verstanden haben, bewusst werden und es benennen. Dazu werden zunächst mehrere Gruppen gebildet. Die Schüler sichten die ihnen verfügbaren Informationen (Schülerbuch, Arbeitsblätter, Textkopien etc.). Anschließend schreibt jeder Schüler eine Fragestellung auf ein Blatt, z.B.: „Das habe ich noch nicht verstanden: Was ist der Unterschied zwischen Treibgasen und Treibhausgasen?" Die Fragen eines Teams werden eingesammelt und an eine andere Gruppe weitergegeben. Diese soll die Fragen nun schriftlich beantworten. Auf diesem Wege sollen alle von dem Wissen der gesamten Lerngruppe profitieren. Nach dem Motto: Was ich nicht weiß, weiß vielleicht ein anderer. Zum Schluss gehen die Blätter mit den Fragen und Antworten wieder an die Ursprungsgruppe zurück. Diese stellt sie im Plenum vor.

Variante

Falls die Antworten unzureichend sind, kann das jeweilige Blatt wieder an die Antwortgruppe zurückgegeben werden.

Hinweis

Diese Methode erweist sich besonders bei schwierigen thematischen Zusammenhängen als sehr effektiv. Sie fördert die Wiederholung eines Themenkomplexes und beseitigt Unklarheiten.

Alter
14–19 Jahre

Dauer
45 Minuten

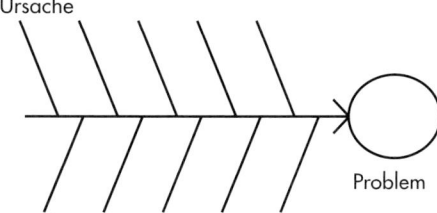

Ziel
→ Probleme auf ihre Ursachen hin untersuchen
→ Ursache-Wirkung-Beziehungen darstellen

Beschreibung
Diese Methode nutzt die grafische Darstellungsmöglichkeit einer so genannten „Fischgrät-Grafik" (s.o.), um die Wechselbeziehung zwischen Ursache und Wirkung innerhalb eines Problems darzustellen. Die Anordnung von Linien und Kreisen, die an ein Fischskelett erinnert, hilft beim Strukturieren der Informationen. Im Plenum besprechen die Schüler zunächst die Funktionsweise der Fischgrät-Grafik, und der Lehrer zeichnet sie an der Tafel vor. Dann notieren die Schüler zunächst die Problemstellung (Wirkung) auf ein Blatt Papier und listen darunter ihre mögliche Ursachen auf. Anschließend übertragen sie diese Aussagen auf die Grafik, indem sie sie auf ihr Blatt zeichnen und durch die entsprechenden Sätze ergänzen. Durch die anschauliche Darstellung wird der Zusammenhang zwischen Ursache und Wirkung deutlich. Zum Abschluss versprachlichen die Schüler die Grafik mündlich.

Variante
→ Neben den Hauptursachen können noch weitere, untergeordnete Faktoren in Form von weiteren Verästelungen notiert werden.
→ Die Ursachen werden, je nach ihrer Gewichtung, nahe der Problemstellung oder weiter von ihr entfernt notiert.

Hinweis
→ Die „Fischgrät-Grafik" wird nach ihrem Erfinder auch Ishikawa-Diagramm benannt und wird v.a. in Unternehmen eingesetzt. Sie hilft v.a. dabei, Lösungen zu finden, indem sie den Blick auf die Ursachen richtet.

4 x 2-Interview

Alter
14 – 19 Jahre

Dauer
45 Minuten

Material
Arbeitsblätter, Papier, Stifte

Ziel
➔ Informationen vertiefen
➔ Kommunikationsfähigkeit einüben

Beschreibung
Nachdem die Schüler Informationen durch Medien oder einen Lehrervortrag erhalten haben, bilden sie Zweiergruppen. Ein Schüler stellt seinem Gegenüber nach dem Prinzip eines Interviews 4 Fragen zum Lerngegenstand. Der andere nimmt also die Rolle des Experten ein. Der Interviewer hält die Antworten seines Partners schriftlich fest. Anschließend werden die Rollen getauscht. Der Interviewer darf jedoch keine Frage aus dem ersten Durchgang wiederholen. Jeder Teilnehmer stellt den anderen die im Protokoll erfassten Ergebnisse seines Interviews vor.

Variante
Die Gruppen bestehen aus drei Schülern. Zwei davon interviewen sich gegenseitig, der dritte protokolliert die Antworten. Anschließend bilden jeweils zwei Dreiergruppen eine neue Gruppe. Hier werden die Protokolle vorgetragen und Unklarheiten und unbeantwortet gebliebene Fragen notiert. Diese werden dann im Plenum an den Lehrer gerichtet, der sie beantwortet.

Hinweis
Diese Methode des kooperativen Lernens fördert v.a. das aktive Verarbeiten von Informationen und die kommunikative Kompetenz.

Alter
10–19 Jahre

Dauer
mindestens 6 Unterrichtsstunden

Material
Materialien zum Vorbereiten der Themenräume

Ziel
➡ selbstständiges Erarbeiten von Themen in Gruppenarbeit
➡ eigenverantwortliches und selbstorganisiertes Lernen

Beschreibung

Der Lehrer führt die Schüler in die Methode ein und lädt sie anschließend zu einer mehrstündigen Open Space-Veranstaltung ein. Grundlegendes Prinzip dabei ist, dass die Schüler sich Lerninhalte selbstständig und eigenverantwortlich erschließen. Diese Methode bietet die Chance, Schüler neu für das Lernen zu begeistern, da sie sich ohne Druck und äußere Vorgaben Inhalte erschließen können. Dabei können sie ihrer Kreativität freien Lauf lassen und sich Arbeitsweg und -tempo selbst einteilen. Festgelegt sind lediglich Anfangs- und Schlusszeit sowie die Räumlichkeiten.

Ähnlich wie Freiarbeit, erfordert die Open Space-Methode vom Lehrer allerdings auch einige Vorbereitung im Vorfeld:

➡ Es müssen mehrere Themen ausgewählt werden, die den Schülern als Anlass für ihr Arbeiten dienen sollen. Das können komplexe und sachgebundene, aber auch sehr persönliche Fragen und Themen sein. Auch Konflikte können bearbeitet werden.

➡ Für jedes Thema wird ein Themenraum geschaffen. Darin finden die Schüler Informationsmaterialien zum Thema und Arbeitsgelegenheiten, wie Tische oder Computer mit Drucker. Die Themenräume können auch entsprechend dekoriert werden, um eine produktive Arbeitsatmosphäre zu schaffen.

Ablauf:

1. Die Schüler erkunden zunächst die Themenräume.
2. Sie entscheiden sich für ein Thema, an dem sie arbeiten möchten, und gehen in den entsprechenden Themenraum. Dort bilden sie mit den anderen Schülern eine Themengruppe.
3. Die Themengruppen beginnen erst mit der Arbeit, wenn die Zeit reif ist. Sie sammeln Ideen und legen fest, was wann und wie erarbeitet werden soll, d.h. sie legen Ziele und Arbeitsschritte selbstständig fest.
4. Die Teams suchen eigenständig Materialien zum Thema und bearbeiten sie in der Weise, wie sie es für sinnvoll halten.
5. Nach dem „Gesetz der zwei Füße" (s. S. 111) können sie so lange an der Veranstaltung teilnehmen, wie sie möchten.
6. Die Ergebnisse der Gruppen werden in einer Ausstellung präsentiert. Die genaue Art der Präsentation ist aber nicht vorgegeben, sondern wird von der jeweiligen Gruppe festgelegt.

Variante

- Ein Hauptthema wird vorgegeben. In einer Brainstormingphase zu Beginn der Veranstaltung werden Unterthemen gesammelt. Die Themenräume können bei dieser Variante allerdings nicht vorbereitet werden, sondern werden spontan eingerichtet.
- Eine Alternative zum Open Space ist der klassische Projekttag, bei dem Themen, Ziele und Ablauf vorgegeben sind.

Hinweis

- Damit die Methode Gewinn bringend durchgeführt werden kann, sollten die Schüler bereits über Erfahrungen im eigenständigen und selbstorganisierten Lernen sowie im Zeitmanagement verfügen.
- Die Methode ist für größere Gruppen gedacht und v.a. für das gemeinsame Arbeiten mehrerer Klassen einer Jahrgangsstufe sinnvoll.

Vier Regeln und ein Gesetz

1. Regel: Die, die da sind, sind die Richtigen

Konzentriere dich auf die Personen, die da sind, denn sie sind interessiert und motiviert. Jeder ist auf seine Art ein Experte und bringt sich mit seinen Ideen, seinem Wissen und seiner Kreativität ein. Die richtigen Leute arbeiten zur richtigen Zeit am richtigen Thema.

2. Regel: Konzentriere dich auf das, was gerade geschieht

Entdecke die Möglichkeiten, die sich jetzt bieten und die im Augenblick von Bedeutung sind. Sei offen für neue Erfahrungen, Ideen und Erkenntnisse. Bringe das ein, was dir wichtig ist. Was jetzt nicht passiert oder was hätte passieren können, hat keine Bedeutung.

3. Regel: Es beginnt, wenn die Zeit reif ist

Du kannst nichts erzwingen, weder Ideen noch Kreativität. Finde deinen eigenen Rhythmus, und warte den richtigen Zeitpunkt ab. Die Gruppe selbst regelt den Arbeits- und Zeitplan.

4. Regel: Vorbei ist vorbei

Nutze die Zeit sinnvoll und effektiv. Wenn du deine Aufgabe erledigt hast, wende dich Neuem zu. Wenn alles gesagt ist, sollte das Thema nicht weiter zerredet werden. Wenn das Ziel der Gruppe erreicht ist, können die Ergebnisse gesichert und die Arbeit abgeschlossen werden. Die verbleibende Zeit kann für die Arbeit in einem anderen Themenraum oder für eine Pause genutzt werden.

Das „Gesetz der zwei Füße"

Wenn du merkst, dass du weder etwas lernst noch zum Thema etwas beitragen kannst, benutze deine zwei Füße, und gehe dort hin, wo du produktiv sein kannst. Du bist verantwortlich für dein Lernen, Arbeiten und Wohlbefinden. Das ist das wichtigste Gesetz des Open Space. Entscheide dich, ob du als „Hummel" an vielen Themen Interesse zeigst und mitarbeitest oder ob du als „Schmetterling" deine Ruhe genießt und so ebenfalls neue Impulse setzt.

© Verlag an der Ruhr | Postfach 10 22 51 | 45422 Mülheim an der Ruhr | www.verlagruhr.de | ISBN 978-3-8346-0325-8

 # Zwischenbilanz

 Alter
10–19 Jahre

 Dauer
20–30 Minuten

 Material
Blätter, Papier, Tafel

 Ziel
- Lerninhalte wiederholen
- Unklarheiten beseitigen

Beschreibung

Nach der Hälfte einer Unterrichtseinheit bilden die Schüler Zweiergruppen.
Jedes Team erhält zwei Blätter mit jeweils einer der folgenden Fragen:
1. Was habe ich bisher zum Thema gelernt?
2. Welche Fragen habe ich noch zum Thema?

In Teamarbeit werden beide Blätter ausgefüllt. Zwei Gruppen bilden anschließend eine neue Lerngruppe. Die Ergebnisse der Zweiergruppen werden darin
zusammengefasst und auf neuen Blättern nach dem gleichen Prinzip notiert.
Die Gruppe konzentriert sich nun auf die Antworten und versucht, Unklarheiten
zu klären. Im Plenum werden die Ergebnisse der Zwischenbilanz vorgestellt.

Variante

Die beiden Fragen werden auf Flipchartseiten notiert, und jeder Schüler kann seine
Antworten darauf vermerken. Dann finden sich die Schüler entsprechend zusammen, und einer erklärt dem anderen die evtl. noch unklaren Themenbereiche.

Hinweis

Während der Erarbeitung eines Themas sollten immer wieder Teilergebnisse wiederholt bzw. gesichert werden. Mit dieser Methode können die Schüler eine an-
geleitete Zwischenbilanz ziehen, um Unklarheiten und anstehende Fragen zu klären. Dadurch wird verhindert, dass der Wissensrückstand Einzelner zu groß wird.

Alter
16 – 19 Jahre

Dauer
90 – 120 Minuten

Material
Leittexte, Papier, Materialien, Stifte, Kontrollbögen

Ziel
Selbstständigkeit und Handlungskompetenz entwickeln

Beschreibung

Als Leittexte werden im Rahmen dieser Methode didaktisch aufbereitete Texte und andere Medien bezeichnet, durch die sich Schüler selbstständig bestimmte Lerninhalte erarbeiten sollen. Die Schüler erhalten die Leittexte zusammen mit Frage- und Aufgabenstellungen. Ihren Lernprozess planen und gestalten sie eigenverantwortlich selbst. Dabei hilft ihnen das Beantworten von Leitfragen, wie z.B.: „Welche Faktoren beeinflussen die Kommunikation innerhalb einer Gruppe? Wie gehen die Teilnehmer mit Störungen um?". Indem die Schüler sie beantworten, erwerben sie zunächst Grundwissen zum Thema.

Durch Leitsätze („Achte bei dem Gespräch zwischen X und Y darauf, ob sie sich auf der Beziehungs- oder Sachebene unterhalten!") erhalten sie parallel dazu vom Lehrer knappe Hinweise, die das Beantworten der Fragen erleichtern.

In einem Arbeitsplan halten die Schüler ihre einzelnen Arbeitsschritte fest. Jeder erhält außerdem einen Kontrollbogen, der es ermöglicht, den erreichten Leistungsstand festzustellen und evtl. zu verbessern.

Die 6 Schritte der Leittextmethode im Überblick:

- Information (Bearbeitung der Leitfragen)
- Planung (Erstellen eines Arbeitsplans)
- Entscheidung (für eine Vorgehensweise)
- Ausführung (der Aufgaben auf Grund des Arbeitsplans)

➡ Kontrolle (Selbst- und Fremdkontrolle mit Hilfe der Kontrollbögen)

➡ Bewertung (Konsequenzen aus dem Kontrollergebnis ziehen)

Die Schüler durchlaufen selbstständig die einzelnen Phasen. Das gilt auch für die Kontrolle und Auswertung. Hierbei kann auch die Rückmeldung des Lehrers angefragt werden.

Hinweis

Die Methode eignet sich gut für Differenzierung, da die Schüler selbst bestimmen, wie sie lernen und welche Materialien sie dazu verwenden.

Alter
10 – 19 Jahre

 Dauer
variabel, je nach Arbeitsaufwand und Länge des Films

 Material
Kameras, Mikrofone, Lichtquellen, Multimediacomputer,
Filmbearbeitungssoftware, Requisiten, Kostüme

 Ziel
über das Drehen eines Videofilms ein Thema kreativ erarbeiten

Beschreibung

1. Die Idee
Zunächst formulieren die Schüler kurz die im Film zu erzählende Geschichte.

2. Das Storyboard
Im Storyboard wird die Geschichte in einzelne Szenen aufgeteilt. Mit Fotos oder
Zeichnungen werden die Kamerapositionen festgelegt. In jeder Szene wird die
Regieanweisung definiert und angegeben, was zu hören sein soll (Ton).

3. Drehplan
Mit dem Drehplan wird festgelegt, in welcher Reihenfolge die Szenen gedreht
werden. Spielen mehrere Szenen am selben Ort, werden sie gleich nacheinander
aufgenommen, um Zeit und Aufwand zu sparen. Gleichzeitig muss Folgendes
festgelegt werden:

- Schauspieler, Statisten
- Texte
- Benötigte Kameras, Licht, Mikrofone
- Drehorte, Requisiten
- Garderobe

Beispiel:

Szenen 3 und 14: Supermarkt (Klassenzimmer). Drehbeginn: Montag, 4. Stunde. Schauspieler: Carla, Marcel und Laura als Verkäufer. Plus ca. 4 weitere Schüler als Statisten. Zwei Kameras plus ein externes Mikrofon.

4. Dreh

Es empfiehlt sich, die Szenen mehrmals aus verschiedenen Kamerastandorten aufzunehmen. Lieber eine Variante zu viel, als eine zu wenig.
Der für den Drehplan Verantwortliche notiert sich die verschiedenen Aufnahmen und entsprechende Bemerkungen dazu. Das erleichtert die Nachbearbeitung.

Beispiel:

Szene 3, Take 1: Marcel hat Text vergessen. Unbrauchbar.

5. Nachproduktion

Nach dem Dreh wird der Film nun in der richtigen Reihenfolge geschnitten, Musik und Geräusche werden eingesetzt und Effekte eingefügt.

Tipps und Tricks:

→ **Kamera:** Kamerafahrten, Schwenks und Zoom möglichst sparsam einsetzen. Wann immer möglich, Stative verwenden.
→ **Ton:** Die fest auf den Kameras montierten Mikrofone liefern meist kaum eine brauchbare Tonqualität. Wird der Originalton der Aufnahme verwendet, muss auch auf störende Umgebungsgeräusche geachtet werden (Autos, Flugzeuge). Kommentare können auch von einem nicht im Bild sichtbaren Sprecher erzählt werden (Off-Kommentar). Geräusche können nachträglich aufgenommen und in den Film eingesetzt werden.
→ **Licht:** Für Aufnahmen in dunklen Räumen Lampen organisieren. Auf Gegenlicht achten.

Hinweis

Mehr Informationen zum Drehen von Filmen gibt es auf
www.movie-college.de/filmschule/a_bis_z.htm

Methoden für die Präsentation

Die Ergebnisse ihres Lernens sollten Schüler so oft wie möglich vor anderen präsentieren. Zum einen fördert dies ihre **Motivation:** Jeder strengt sich lieber an, wenn er anschließend anderen zeigen kann, was er geleistet hat. Zum anderen fördert dies auch die **Festigung des erworbenen Wissens,** das präsentiert wird. Ein guter Vortrag setzt voraus, dass der Referent seinen Stoff beherrscht, d.h., dass er den Inhalt verstanden hat. Beim Entwerfen z.B. eines Referates wiederholen die Schüler noch einmal das Gelernte, strukturieren es und vertiefen es somit. Aber auch das Publikum spielt natürlich eine zentrale Rolle. Präsentationen sollen verständlich sein und Interesse für den vorgestellten Sachverhalt wecken. Bei der **Vorbereitung einer Präsentation** müssen die Schüler vieles beachten:

- ⮕ Bedürfnisse des Publikums (Interessen, Vorwissen)
- ⮕ Verfügbare Zeit
- ⮕ Möglichkeiten für eine verständlich Aufbereitung und Strukturierung der Inhalte
- ⮕ Geeignete Medien

Der Schwerpunkt der Methoden in diesem Kapitel liegt auf den **Medien,** da diese wichtige Funktionen erfüllen: Sie vermitteln **Wissen unmittelbar und anregend.** Indem sie den Einsatz von Bildern, Farben oder Grafiken ermöglichen, erleichtern sie v.a. Schülern des **visuellen Lerntyps** die Verarbeitung der dargebotenen Information. Nicht zuletzt machen sie einen Vortrag oder eine Präsentation **lebhaft und unterhaltsam.**

Alter
10 – 19 Jahre

Dauer
2– 4 Unterrichtsstunden

Material
Aufnahmegerät, Mikrofon, Computer, Audio-Software

Ziel
Informationen durch ein Radiomagazin präsentieren

Beschreibung

Ein Radiomagazin ist eine Radiosendung mit mehreren Beiträgen. Die Schüler erhalten den Auftrag, nach der inhaltlichen Erarbeitung eines Themas, die wichtigsten Informationen in Form eines Radiomagazins zu präsentieren. Dabei sollen die unterschiedlichen Formate, die das Medium Radio bietet (Interview, Kommentar, Reportage …) genutzt werden. Die Schüler bilden mehrere Gruppen, die jeweils einen bestimmten Aspekt des vorbereiteten Themas in jeweils unterschiedlichen Formaten für die Präsentation aufarbeiten sollen. Die Gruppen schreiben z.B. Berichte, Kommentare oder Beiträge und machen Originalaufnahmen (z.B. in Form von Umfragen) außerhalb oder innerhalb der Schule. Ein Gruppe bildet das „Tontechniker-Team", das die Aufgabe hat, die einzelnen Beiträge des Radiomagazins zusammenzuschneiden. Dafür stehen bestimmte Audioprogramme zur Verfügung, deren Handhabung mittlerweile auch für Laien kein großes Problem mehr darstellt. Die Beiträge können ergänzt werden durch Einführungen und Überleitungen, die von einem Sprecher geschrieben und eingesprochen werden. Kurze Musikeinspielungen zwischen den einzelnen Beiträgen lockern das Magazin auf. Das fertige Ergebnis wird in der Klasse angehört – am besten auch vor größerem Publikum, z.B. vor einer Parallelklasse, die dafür eigens eingeladen wird.

Hinweis

Gute Hinweise zur Produktion eines Radiobeitrags finden sich unter:
• www.soundnezz.de/fileadmin/materialien/4051cca4210e6.pdf
• www.dbu.de/media/080307013429f128.pdf

Schreibwerkstatt

 Alter
10 – 19 Jahre

 Dauer
3 – 4 Unterrichtsstunden

 Material
Papier, Stifte

 Ziel
- kreatives Schreiben üben
- ein Thema präsentieren

Beschreibung

Unter einer Schreibwerkstatt versteht man das kreative, produktorientierte Arbeiten mit Texten im Unterricht. Dabei dürfen sich Formen des kreativen Schreibens und gelenkte Schreibformen abwechseln. Schreibwerkstätten bieten sich nicht nur für den Deutschunterricht an. Die kreative und produktive Auseinandersetzung mit Texten fördert in jedem Fach die Verarbeitung der schriftlich vermittelten Information und bietet eine gute Möglichkeit, die Ergebnisse des Lernens zu präsentieren. Ausgangslage für eine Schreibwerkstatt können also auch fachbezogene Themen und Texte in Geschichte, Erdkunde oder Biologie sein.

Dabei bleibt es dem einzelnen Schüler überlassen, welche sprachliche Form er wählt. Ob informativer Text, Werbeanzeige, Zeitungsbericht, Märchen, Anekdote, Erzählung, Brief oder Gedicht – die Texte sollen v.a. deutlich machen, dass sich ihr Verfasser gründlich mit dem Lerngegenstand auseinandergesetzt hat.

So können die Schüler ihr Wissen über die Fotosynthese z.B. in einem Gedicht oder einer Erzählung aus der Sicht einer Pflanze ausdrücken. Zum Schluss präsentieren die Schüler ihre Ergebnisse in Form einer „Dichterlesung" einem Publikum, zu dem z.B. auch die Parallelklasse gehören kann.

Hinweis

In anderen Fächern als Deutsch kann den Schülern bei Einhaltung der formalen Textmerkmale etwas mehr Freiraum gegeben werden.

Alter
10 – 19 Jahre

Dauer
ca. 4 Unterrichtsstunden

Material
Pappkartons (DIN A3), Spielmaterialien, wie Spielsteine und Würfel; Scheren, Kleber, farbige Blätter

Ziel
→ ein Thema kreativ umsetzen und präsentieren
→ soziale Kompetenz fördern

Beschreibung
Nachdem die Schüler einen Lerngegenstand erschlossen haben, sollen sie ihr neues Wissen in Form eines Spieles präsentieren. Dazu arbeiten die Schüler in Gruppen. Diese Teams müssen sich über folgende Eckdaten ihres Spiels einigen:

→ Spielziel (Kommunikation, Wissen, Selbsterfahrung?)
→ Inhalt (Welche Inhalte sollen vermittelt werden?)
→ Spielform (Brettspiel, Kartenspiel, Rollenspiel)

Je nach Spielform müssen die Teammitglieder unterschiedliche Materialien (Spielbrett, Karten, Würfel usw.) herstellen. Ihr Spielkonzept formulieren sie in Form einer Spielanleitung. Darin sollen die Spieler genaue Informationen über den Ablauf des Spiels erhalten. Das Spiel sollte ansprechend gestaltet werden, dennoch dürfen dabei die Inhalte nicht in den Hintergrund geraten. Bei der Präsentation hat jede Gruppe die Möglichkeit, alle Spiele einmal durchzuspielen und anschließend zu bewerten. Kriterien hierfür können sein:

→ Spielidee   → Aufarbeitung der Inhalte
→ Aufmachung   → Spaßfaktor
→ Spielanleitung

Hinweis
Gelungene Spiele werden der ganzen Schulgemeinschaft zugänglich gemacht.

Plakatgestaltung

 Alter
10 – 19 Jahre

 Dauer
45 – 90 Minuten

 Material
Karton (DIN A2 o. A1), farbige Stifte, Bilder

 Ziel
ein Plakat als visuelles Medium für eine Präsentation erstellen

Beschreibung

Die Schüler gestalten große Kartons zu Plakaten, auf denen sich mit unterschiedlichen grafischen Mitteln und Texten die im Unterricht erarbeiteten Inhalte darstellen lassen. So können sie dabei vorgehen:

1. **Informationssammlung und -reduktion:** Die Schwerpunkte des Themas werden herausgearbeitet und strukturiert. Da die Fläche eines Plakates beschränkt
   ist, müssen die Inhalte noch einmal auf das Wesentliche begrenzt werden. Oft
   genügen Zusammenfassungen in Stichworten oder beschriftete und mit einer
   Legende versehen Grafiken. Auch Gedankenlandkarten (s. S. 22) eignen sich,
   um die Inhalte zu visualisieren.

2. **Plakatgestaltung:** Mit Hilfe der gesammelten und bearbeiteten Informationen
   wird das Plakat folgendermaßen gestaltet:
   a. Gut lesbare Schrift, sinnvoller Einsatz von Unterstreichungen, Umran-
      dungen und Farben.
   b. Bilder, Symbole und Grafiken sparsam und gut strukturiert einsetzen.
   c. Texte so anordnen und gestalten, dass sie ins Auge fallen und gut
      gelesen werden können.

Die Schüler können ihre Plakate in Einzel- oder Gruppenarbeit anfertigen.
Für die Präsentation können alle Plakate an Stellwände geheftet werden.

Hinweis

Als Methodentraining sollten die Schüler die Plakatgestaltung systematisch üben.

Alter
10 – 19 Jahre

Dauer
45 Minuten

Material
Overheadfolien, Folienstifte, Scheren, Projektor

Ziel
Overheadfolien zur Visualisierung einer Präsentation erstellen

Beschreibung

Die Schüler gestalten Overheadfolien, um damit erarbeitete Inhalte zu präsentieren. Solche Folien eignen sich v.a. als Einstiegsimpuls für eine Folgestunde oder zur Verdeutlichung von Stundenschwerpunkten (durch Grafiken, Tabellen oder Diagramme). Die Schüler besprechen zunächst die Vor- und Nachteile von Overheadfolien. Gemeinsam versuchen sie als Nächstes, die Merkmale einer gelungenen Präsentation mit Overheadfolien zu entwickeln.
Dabei sollten sie folgende Aspekte nennen:

- ➜ Die Schrift sollte auch in der letzten Reihe noch gut lesbar sein.
- ➜ Sparsam eingesetzte Farben können Sachverhalte hervorheben.
- ➜ Auch Symbole oder Pfeile dienen der visuellen Unterstützung.

Dann gehen die Schüler in Gruppen zusammen und erarbeiten einen Verlaufsplan, der aufzeigt, wie die Folien sinnvoll eingesetzt werden können.
Dabei sollten sie folgende Punkte aufführen:

- ➜ Nach dem Auflegen sollte das Publikum die Folien einen Moment in Ruhe betrachten können.
- ➜ Inhalte, die gerade nicht angesprochen werden, bleiben abgedeckt und werden zum entsprechenden Zeitpunkt aufgedeckt.
- ➜ Mit Hilfe eines Stiftes kann auf bestimmte Stellen der Folie gezeigt werden.
- ➜ Folien, die während des Vortrages ergänzt werden (Livefolien), steigern die Spannung.

Präsentieren mit Flipcharts

Alter
10 – 19 Jahre

Dauer
45 Minuten

Material
mehrere Flipcharts, Stifte in verschiedenen Farben, Kärtchen

Ziel
eine Flipchart für eine Präsentation einsetzen

Beschreibung

Eine Flipchart besteht aus einer großen Platte, die mit einem Ständer aufgestellt wird. Darauf ist ein großformatiger Papierblock (meistens unliniert, gelegentlich in weitem Raster kariert) befestigt. Der Vortragende schreibt darauf mit dicken Filzstiften. Um ein neues Blatt zu beginnen, reißt er das beschriebene Blatt vom Block ab oder schlägt es nach hinten um. Zunächst besprechen die Schüler im Plenum die Einsatzmöglichkeiten der Flipchart bei Präsentationen. Als grundlegende Merkmale sollten sie anschließend folgende Aspekte schriftlich festhalten:

- Die Schrift muss auch aus weiterer Entfernung noch gut lesbar sein (Druckschrift, Schrifthöhe: ca. 5 cm, dicke Stifte). Eine farbliche Gestaltung fördert die Übersichtlichkeit.
- Ein Blatt sollte max. 10 Zeilen haben.
- Die Informationen sollten auf das Wesentliche beschränkt sein.
- Viele Inhalte lassen sich gut durch Grafiken verdeutlichen. Gedruckte Vorlagen können aufgeklebt werden.
- Vorbereitete beschriftete Kärtchen können ebenfalls aufgeklebt werden.
- Jeder Zuschauer muss freie Sicht auf die Flipchart haben.

Die Schüler gehen anschließend in Gruppen zusammen und erproben die Gestaltung einer Flipchart. Vor dem Beschreiben der Seite sollte die Fläche gedanklich vorstrukturiert sein, d.h., die Schüler sollten sich vorab das Verhältnis von freien Flächen und Texten überlegen, die Anzahl und Platzierung der Überschriften sowie die Anordnung von Bildern und Symbolen. Dafür bietet sich eine Vorskizze auf kariertem DIN-A4-Papier an.

Die Einsatzmöglichkeiten der Flipchart während der Präsentation variieren:
- ➡ Die Blätter werden während der Präsentation beschriftet.
- ➡ Eine vorbereitete Grobstruktur wird nach und nach mit Inhalt gefüllt.
- ➡ Fertig gestaltete Bögen werden während des Vortrags präsentiert.

Hinweis
Der Vorrat an Blättern und die Funktionsfähigkeit der Stifte sollte vor der Präsentation überprüft werden.

Präsentieren mit dem Beamer

Alter
10 – 19 Jahre

Dauer
45 Minuten

Material
Beamer, Computer (Laptop) mit entsprechender Software (Präsentationsprogramme)

Ziel
Präsentation mit Hilfe eines Projektors einüben

Beschreibung

Ein Beamer ist ein spezieller Projektor, der Daten aus einem visuellen Ausgabegerät (Computer, DVD-Player, Videorekorder usw.) an eine Projektionsfläche wirft. Im Folgenden geht es v.a. um die Präsentationen, die Beamer und Computer verbinden, da sie multimediale Präsentationen ermöglichen, die Bilder, animierte Grafiken oder Filme enthalten.

Zunächst besprechen die Schüler im Plenum die unterschiedlichen Möglichkeiten, die das Präsentieren mit dem Beamer bietet. Ihre Ergebnisse halten sie schriftlich fest. In Gruppen erarbeiten sie die genauen Aspekte, die eine gute Präsentation mit dem Projektor auszeichnen. Dabei sollten sie folgende Punkte aufführen:

1. Vorbereitung der Präsentation:
Vor der Präsentation müssen die Rahmenbedingungen geklärt werden:
Wie groß ist der Raum in dem der Vortrag stattfindet? Lässt er sich gut abdunkeln? Wo sitzt das Publikum?

2. Gestaltung der Inhalte:
➡ Die Größe von Bildern, Texten (Schrift), Grafiken etc. muss der Größe der Projektionsfläche angepasst sein.
➡ Musik, Geräusche oder Sprache müssen im gesamten Raum gut hörbar sein.

3. Durchführung:

- ⮕ Jede projizierte Darstellung sollte mindestens drei Minuten zu sehen sein.
- ⮕ Die Präsentation sollte auch Abschnitte enthalten, in denen der Schüler ohne visuelle Unterstützung spricht, damit sie abwechslungsreich bleibt. Währenddessen sollte die Projektion ausgeblendet werden.
- ⮕ Der Vortragende spricht zum Publikum und nicht zur Projektionsfläche.
- ⮕ Das Publikum braucht Zeit, um sich in die Inhalte hineinzudenken. Beim Wechsel der Darstellungen sollte der Redner eine kurze Sprechpause einlegen.

Hinweis

Der erfolgreiche Umgang mit dem Beamer setzt eine gewisse technische Versiertheit voraus und muss deshalb gut vorbereitet werden.

 Alter
10–19 Jahre

 Dauer
45 Minuten

 Material
Tafel, Kreiden in unterschiedlichen Farben

 Ziel
an der Tafel präsentieren

Beschreibung

Nach wie vor ist die Tafel das am meisten verbreitete und beliebteste Präsentationsmedium in der Schule. Sie ist in allen Klassenräumen verfügbar und jederzeit ohne viel Aufwand nutzbar. Normalerweise ist sie dem Lehrer vorbehalten. Dabei eignet sie sich unter bestimmten Umständen auch für Schülerreferate. Immer, wenn im Rahmen einer Präsentation Informationen vor den Zuhörern oder gemeinsam mit ihnen entwickelt werden, ist sie ein ideales Medium, da die Inhalte darauf schnell angebracht und gegebenenfalls auch schnell korrigiert werden können. Die Schüler besprechen gemeinsam, welche Aspekte für eine Verwendung der Tafel bei einer Präsentation zu berücksichtigen sind. Dabei sollten sie folgende Ergebnisse schriftlich fixieren:

→ Das Tafelbild sollte vorab gut strukturiert werden (z.B. durch eine Mindmap®). Der Vortragende fertigt dazu am besten ein Skizze auf Papier an, die die realen Flächenverhältnisse an der Tafel berücksichtigt.

→ Durch Auslassungen, Unterstreichungen oder grafische Elemente (Pfeil, „Smileys", Symbole) kann das Tafelbild übersichtlich strukturiert werden. Dabei ist besonders der Einsatz farbiger Kreide sehr hilfreich.

→ Durch den überlegten Einsatz von Schrift (Druckbuchstaben, Großbuchstaben) gewinnt die Darstellung an Anschaulichkeit.

→ Die Inhalte der Präsentation werden während des Vortrages in Stichworten angeschrieben und evtl. durch Beiträge der Zuhörer ergänzt.

⮕ Während des Anschreibens sollte der Vortragende nicht sprechen. So hat das Publikum die Möglichkeit, mitzuschreiben und in Ruhe mitzudenken.

⮕ Ein feuchter Lappen oder Schwamm sollte immer bereitliegen, damit Korrekturen schnell und sauber durchgeführt werden können.

⮕ Mit Hilfe von Magneten lassen sich an den meisten Tafeln auch weitere Medien (Karten, Fotos, Plakate) anbringen.

⮕ Besonders bei Aufklapptafeln sollten die einzelnen Tafelseiten besonders in den Ablauf der Präsentation mit eingebunden werden. Die Inhalte der Innentafel können z.B. vorbereitet und erst zu einem bestimmten Zeitpunkt während der Präsentation gezeigt werden, indem die Tafel aufgeklappt wird.

Hinweis

Eine Alternative zur Tafel ist das Whiteboard: eine weiße Tafel mit glatter, weißer Oberfläche aus Kunststoff, auf der mit speziellen Filzstiften geschrieben wird.

 # Präsentieren mit Thesenpapieren

 Alter
14–19 Jahre

 Dauer
45 Minuten

 Material
Blätter, Computer mit Druckmöglichkeit

 Ziel
wichtige Inhalte einer Präsentation strukturiert zusammenfassen

Beschreibung

Das Thesenpapier (Handout) ist ein wirkungsvolles Mittel, um eine Präsentation zu begleiten und zu unterstützen. In Stichworten oder in kurzen, ausformulierten Sätzen stellt es die gedankliche Struktur der Präsentation dar, d.h. es fasst die wichtigsten Thesen in übersichtlicher Form zusammen.

Diese Verkürzung von Aussagen in Handouts ist nicht einfach. Fällt sie zu rigoros aus, können die Inhalte des Vortrages nach einiger Zeit nicht mehr rekonstruiert werden, d.h. die Schüler können aus den Stichworten oder Sätzen keine inhaltlichen Aussagen mehr ziehen. Schüler müssen das Erstellen von Thesenpapieren deshalb regelmäßig üben, denn gerade die Strukturierung von komplexen Inhalten in verständliche Thesen fällt ihnen häufig schwer.

Die Schüler sollen ein Thesenpapier für eine Präsentation anfertigen. Inhalt ist ein bestimmter Lerngegenstand, der zuvor im Unterricht behandelt wurde, d.h. die Schüler verfügen über ausreichende Informationen darüber, mit denen sie ihr Handout füllen können. Dazu gehen sie in Gruppen zusammen. Jede Gruppe erhält ein Blatt, das folgende Vorgaben enthält:

→ Das Thesenpapier trägt den Titel der Präsentation und macht Angaben zum Referenten. Der Aufbau orientiert sich an der Präsentation:
  - ➤ **Einleitung:** Hinführung zum Thema
  - ➤ **Hauptteil:** Zusammenfassung der wichtigsten Thesen
  - ➤ **Schluss:** Konsequenzen, Ausblick und persönliche Stellungnahme

➡ Das Handout sollte keine Grafiken oder Tabellen enthalten. Diese können separat als Tischvorlage ausgeteilt werden.

➡ Das Handout sollte nicht zu umfangreich sein (ca. 1–2 DIN-A4-Seiten).

➡ Die Informationen sollen das inhaltliche Verständnis und das Verfolgen der Präsentation erleichtern.

➡ Das Handout kann Lücken enthalten, die das Publikum während des Vortrages ergänzen soll. Das steigert die Aufmerksamkeit.

➡ Das Handout kann Literaturhinweise enthalten.

Die Gruppen haben für die Erstellung ihres Handouts ca. 30 Minuten Zeit. Sobald entsprechende Kenntnisse vorhanden sind, sollten die Teams ihre Thesenpapiere am Computer erstellen. Anschließend präsentieren sie ihre Ergebnisse vor der Klasse. Im Plenum werden die Schwächen und Stärken der Thesenpapiere besprochen.

Hinweis

Handouts sollten vor Beginn der Präsentation ausgeben werden, sodass jeder im Publikum sein Exemplar noch einmal kurz überfliegen kann.

Präsentieren mit Arbeitsblättern

 Alter
10–19 Jahre

 Dauer
45 Minuten

 Material
Blätter, Computer mit Druckmöglichkeit

 Ziel
Arbeitsblätter im Rahmen einer Präsentation einsetzen

Beschreibung

Fertigt der Referent eines Vortrages Arbeitsblätter für sein Publikum an,
hat dies folgende Vorteile:

→ Die Zuhörer nehmen aktiver am Vortrag teil. Ihre Aufmerksamkeit wird
gesteigert, denn nur wer wirklich konzentriert zuhört, kann anschließend
die Fragen beantworten bzw. Aufgaben lösen.
→ Der Vortragende muss sich im Vorfeld sehr gründlich mit den Inhalten auseinandersetzen und sie für das Publikum verständlich aufbereiten. Referate, die
an den Bedürfnissen und Fähigkeiten der Zuhörer vorbeigehen, können so
vermieden werden.
→ Mittels des Arbeitsblattes kann kontrolliert werden, ob das Publikum die
Inhalte verstanden hat.

Die Schüler besprechen zunächst gemeinsam die Vor- und Nachteile einer
Präsentation mit Arbeitsblättern.

Vorteile:

s.o.

Nachteile:
→ Der Aufwand in der Vor- und Nachbereitung ist höher.
→ Nicht alle Inhalte eignen sich für ein Arbeitsblatt. Themen, die sehr komplex
sind, sind evtl. zu anspruchsvoll, um sie in der Kürze der Zeit zu bearbeiten.

Anschließend sollen die Schüler zu den Inhalten eines vorgegebenen Referates ein Arbeitsblatt erstellen. Dabei berücksichtigen sie folgende inhaltliche und formale Kriterien:

- ▶ **Strukturierung der Inhalte:** Die Texte, Übungen oder Aufgabenformen sollten übersichtlich strukturiert sein.
- ▶ **Layout:** Der erste optische Eindruck ist für die Motivation entscheidend. Dazu sollten die vielfältigen Gestaltungsmöglichkeiten des Computers (Text- und Bildbearbeitungsprogramme) genutzt werden. Ein mehrspaltiges Layout ist besonders lesefreundlich.
- ▶ **Zeichenformate:** Es sollten nicht mehr als 3 unterschiedliche Schriftarten verwendet werden.
- ▶ **Arbeitsauftrag:** Die Aufgabenstellungen müssen sich ausschließlich auf die im Vortrag genannten Inhalte beziehen. Sie können ein Weiterdenken, ein Gespräch oder eine Aktion (z.B. Team- oder Einzelarbeit) fordern. Sie können aber auch einen konkreten Arbeitsauftrag formulieren, der kurz und verständlich ist. Der Lehrer sollte den Schülern vorab eine Auswahl von unterschiedlichen Aufgabentypen als Beispiele präsentieren (z.B. Kreuzworträtsel, Cloze-Test etc.).
- ▶ **Richtigkeit:** Alle Informationen auf dem Arbeitsblatt müssen auf ihre Richtigkeit hin noch einmal eigens überprüft werden.

Die Gruppen besprechen ihre Ergebnisse anschließend im Plenum. Das beste Arbeitsblatt wird für alle Schüler als „Muster" kopiert.

Hinweis

Als Bestandteil der Präsentation kann das Arbeitsblatt auch Informationen enthalten, die den Vortrag ergänzen.

 Alter
10–19 Jahre

 Dauer
variabel, je nach Umfang der Zeitschrift und ihrer Themenvielfalt
mehrere Unterrichtsstunden

 Material
Computer mit Druckmöglichkeit und Internetzugang, Stellwände

 Ziel
Präsentation eines Lerngegenstandes in Form einer Zeitschrift

Beschreibung

Eine kreative Möglichkeit der Präsentation ist die Gestaltung einer Fachzeitschrift.
Dabei versetzen sich die Schüler in die Rolle von Redakteuren, die ein Thema für
ein Lesepublikum aufbereiten und zu einer Zeitschrift mit unterschiedlichen Arti-
keln zusammenstellen.

Nach der gemeinsamen Erarbeitung eines Themas überlegt die Klasse zunächst
gemeinsam, welche Teilaspekte des Themas in Form von Beiträgen aufbereitet
werden sollen. Sie entwickeln Unterthemen und halten sie schriftlich fest. Daraufhin bilden die Schüler Gruppen, von denen sich jede einem dieser Themen
widmet. Jedes Team besteht aus mehreren Redakteuren und jeweils einem Chef-
redakteur. Dieser bildet zusammen mit den anderen Chefredakteuren die Chef-
redaktion. Diese Gruppe trifft sich in regelmäßigen Abständen, um die Arbeiten
der Gesamtgruppe zu koordinieren.

In ihren Gruppen bearbeiten die Schüler ihre Themen zu Fachartikeln. Nach dem
gemeinsamen Verfassen und der inhaltlichen Überarbeitung der Texte gehen die
Gruppen arbeitsteilig ans Werk. Ein Mitglied der Gruppe kümmert sich um die
Gestaltung des Textes, das Layout. Ein weiteres liest den Text bzw. die Texte Korrektur. Ein anderer Schüler wiederum sucht nach passenden Fotos oder Grafiken,
z.B. in Büchern oder im Internet.

Die einzelnen Teams arbeiten selbstständig und stehen dabei in ständigem Kontakt zur Chefredaktionsgruppe. Das gesamte Zeitungsteam trifft sich zu mehreren

Redaktionskonferenzen, um den Stand der Dinge und anstehende Fragen zu klären. Die endgültige Fertigstellung der Artikel erfolgt am Computer mit Hilfe eines Textverarbeitungsprogramms. Zum Schluss werden die einzelnen Texte ausgedruckt und an der Seitentafel oder auf Stellwänden zu einer „Wandzeitung" zusammengestellt.

Hinweis

Je nach Alter der Schüler und Fach kann die Zeitschrift unterschiedliche inhaltliche Akzente setzen.

Alter
10 – 19 Jahre

Dauer
variabel, je nach Umfang der Internetseite mehrere Unterrichtsstunden

Material
Computer mit Software für die Textverarbeitung, Bildbearbeitung und Homepagegestaltung, Scanner, Digitalkamera

Ziel
Informationen auf einer Internetseite präsentieren

Beschreibung

Die Schüler sollen die Ergebnisse einer Erarbeitungsphase zusammenfassen und auf einer Internetseite präsentieren. Häufig sind die Schüler heute dem Lehrer in Sachen Medienkompetenz weit voraus. Nicht wenige Jugendliche erstellen zu Hause mit einfachen oder auch komplexeren Programmen ihre eigene Homepage. Auch wenn nicht alle Schüler über dieses technische Know-how verfügen, kann dennoch eine ganze Klasse an der Internetseite mitarbeiten. Den technischen Teil der Seitenkonzeption sollte ein „Expertenteam" übernehmen, das aus Schülern besteht, die bereits über Erfahrung im Erstellen von Internetseiten verfügen. Die anderen Schüler liefern die Inhalte, die auf der Seite später zu sehen bzw. abrufbar sein werden.

1. Zunächst besprechen die Schüler im Plenum die charakteristischen Eigenschaften einer Internetseite. Besonders hervorzuheben ist hier die typische Strukturierung in verschiedene Informationsebenen durch das so genannte Verlinken. Daraufhin wird gemeinsam die Grobstruktur der Homepage erarbeitet, z.B. durch Mindmaps® auf Papier. Sie soll darstellen, auf welche Weise die Inhalte angeordnet und miteinander verlinkt werden sollen.
2. Anschließend teilen die Schüler die Lerninhalte in sinnvolle Untereinheiten auf, die später von einzelnen Teams zu Texten aufbereitet werden. Es werden die entsprechenden Unterthemen festgelegt, die auf der Hauptseite miteinander

verknüpft werden. Jedes Team hat die Aufgabe, Texte zu verfassen, passende Fotos, Grafiken oder Filme zu finden und Ideen für die Gestaltung der Seite zu entwickeln.

3. Die Experten stehen in ständigem Kontakt zu den einzelnen Teams und versuchen, die inhaltlichen und gestalterischen Vorschläge technisch umzusetzen.

4. Der Stand der Arbeit wird von allen Schülern und dem Lehrer immer wieder überprüft. Die vorläufigen Seiten werden am Computer gesichtet, ausgedruckt und an eine Stellwand geheftet, sodass sie jederzeit für jeden sichtbar sind.

5. Rückmeldungen und Änderungswünsche werden von der Expertengruppe umgesetzt. Die Internetseite wird nach ihrer Fertigstellung entweder der Schulgemeinschaft (z.B. als Teil des Schulintranets) zur Verfügung stehen oder tatsächlich ins Internet gestellt.

Hinweis

Da eine Homepage neben dem inhaltlichen Aspekt auch optisch ansprechend sein sollte, kann auch das Fach Kunst in die Gestaltung miteinbezogen werden.

 Alter
14 – 19 Jahre

 Dauer
3 – 4 Unterrichtsstunden

 Material
Computer mit entsprechender Software

 Ziel
Informationen gestalten und präsentieren mit PowerPoint

Beschreibung

Microsoft PowerPoint ist ein Computerprogramm, mit dem sich interaktive Folien-
präsentationen erstellen lassen. Es ist derzeit das am weitesten verbreitete Pro-
gramm dieser Art. Tagtäglich werden damit Millionen von Präsentationen erstellt.
Auch in der Schule lässt sich PowerPoint gut einsetzen. Seine grundlegenden
Funktionen sind schon für junge Schüler schnell erlernbar.
Die Schüler sollen mit Hilfe des Programms eine Präsentation erstellen, die sowohl
Text wie auch Bilder vereint. PowerPoint soll hierbei den mündlichen Vortrag
unterstützen – nicht ersetzen. Bei den einzelnen Seiten, die PowerPoint nacheina-
nder darstellt, spricht man von Folien. Die Schüler strukturieren ihren Vortrag
zunächst in Informationshäppchen, die dem Format dieser Folien angepasst sind.
Dabei gibt es einige gestalterische Regeln zu beachten:

1. **Einfachheit/Kürze:** Die wesentlichen Inhalte werden knapp, aber verständlich
   zusammmengefasst.
2. **Struktur:** Um die Zusammenhänge zu verdeutlichen, muss der Inhalt klar
   strukturiert und übersichtlich dargeboten werden.
3. **Gestaltung:** Die wesentlichen Punkte werden optisch, z.B. durch Schrift und
   Farbe, hervorgehoben. Auch mit Farben sollte sparsam (höchstens drei) und
   bedacht umgegangen werden. Zu viele und zu grelle Farben lenken vom
   Inhalt ab bzw. erschweren die Lesbarkeit. Dabei sollten höchstens drei Schriftarten und -größen verwendet werden. Außerdem gilt: Fünf Wörter pro Zeile
   und fünf Zeilen pro Folie sind ausreichend.

4. **Anschaulichkeit:** Durch Fotos, Diagramme, Tabellen, Grafiken, Audio- und Videosequenzen wird die Präsentation anschaulich und spannend. Sie sollten aber sparsam und immer nur zweckmäßig – nicht als reine Zierde – eingesetzt werden.

Für die Durchführung der Präsentation gilt:

Die Folientexte sollten nicht abgelesen, sondern vom Vortragenden frei formuliert werden. Dabei sollte er Augenkontakt zu den Zuhörern halten. Beim Wechsel der Folien braucht das Publikum ca. 1 Minute, um sich auf der neuen Seite zu orientieren. In dieser Zeit sollte der Vortragende nicht sprechen.

Variante

Fortgeschrittene Schüler können eine Präsentation erstellen, bei der alle Informationen ohne mündlichen Kommentar präsentiert werden.

Podcasts erstellen und veröffentlichen

Alter
14 – 19 Jahre

Dauer
3 – 4 Unterrichtsstunden

Material
Computer mit Internetzugang, Aufnahmesoftware, Mikrofon

Ziel
Podcasts erstellen und veröffentlichen

Beschreibung

Podcasting bezeichnet das Produzieren und Anbieten von Mediendateien (Audio oder als Video) über das Internet. Ein einzelner Podcast ist eine Serie von Medienbeiträgen (Episoden). Heute gibt es im Internet eine Vielzahl von privat und professionell produzierten Podcasts zu unterschiedlichsten Themen.

Die Erstellung von Podcasts ist für technisch versierte Schüler kein Problem. Um die ganze Klasse zu beteiligen, empfiehlt sich ein Vorgehen wie bei Methode 92 beschrieben: Die „Techniker" bilden ein Expertenteam; die anderen Schüler bilden Gruppen und arbeiten ihnen zu. Während sich die Experten um die technische Umsetzung kümmern, entwickeln die anderen Teams die Inhalte der Audiodateien, d.h. sie schreiben Texte (Dialoge oder Vorträge), wählen Musik aus, mit der sich die Pausen füllen und die Beiträge untermalen lassen, und konzipieren das Gesamtkonzept des Podcasts (vgl. dazu auch Methode 81: Radiomagazin). Wichtig ist, das von Anfang an feststeht, welche Inhalte präsentiert werden sollen. Diese müssen von den jeweiligen Gruppen gut strukturiert werden.

Ein auditiver Text muss so verständlich sein, dass er vom Publikum sofort erfasst werden kann. Lange, umständliche Satzkonstruktionen, wie sie in der Schriftsprache vorkommen, sollten vermieden werden. Zudem sollte durch Betonung, Lautstärke und Modulation der Stimme die Verständlichkeit des Textes zusätzlich unterstützt werden. Damit Schüler dies lernen, sollten Texte, die sie geschrieben und eingesprochen, d.h. aufgenommen haben, einer „Qualitätskontrolle" unterzogen werden: Sie werden dazu einem unbeteiligten Publikum, z.B. anderen

Gruppen oder der Parallelklasse, vorgespielt. Die Zuhörer melden dann zurück, welche Passagen z.B. noch klarer formuliert werden sollten bzw. wo etwas mehr Betonung etc. gut täte. Das anschließende Produzieren und Präsentieren des Podcasts vollzieht sich in folgenden Schritten:

1. **Produzieren:** Nachdem die Gruppen die einzelnen Beiträge zusammengestellt haben, werden die Texte mit Hilfe eines Mikrofons und einer Audiosoftware eingesprochen und mit dem Computer im wav-Format aufgezeichnet.
2. **Konvertieren:** Die entstandene wav-Datei wird in eine (kleinere) mp3-Datei umgewandelt.
3. **Hochladen und Veröffentlichen:** Die mp3-Datei wird auf einen Server hochgeladen und ist somit für andere Nutzer zugänglich.
4. **Herunterladen und Anhören:** Der Podcast wird online angehört oder auf den eigenen mp3-Player heruntergeladen.

Bevor die Schüler den Podcast hochladen, sollten sie ihn noch einmal auf inhaltliche oder technische Fehler hin überprüfen. Um ihren Podcast auch außerhalb der Klasse zu präsentieren, kann die Parallelklasse oder die ganze Schule zu einer „Podcast-Vorführung" eingeladen werden.

Hinweis
Eine große Auswahl an deutschsprachigen Podcasts zu unterschiedlichsten Themen findet sich auf **www.podcast.de.**

Einen Vortrag halten

Alter
10–19 Jahre

Dauer
20–30 Minuten

Ziel
Informationen in Form eines mündlichen Vortrages präsentieren

Beschreibung

Die Schüler üben in Gruppen das mündliche Präsentieren.

Zunächst besprechen sie, was es bei einem Vortrag, z.B. einem Referat, zu beachten gibt und erstellen gemeinsam eine Liste mit Tipps. Sie sollte folgende Aspekte enthalten:

→ Geeignete Medien auswählen und sinnvoll einsetzen. Nur Medien verwenden, deren technische Anforderungen sicher beherrscht werden.

→ Zu Beginn das Publikum begrüßen und das Thema des Vortrages (evtl. auch seinen Verlauf) mit einem Satz vorstellen.

→ Während des Vortrages gezielt Sprechpausen einsetzen: Entweder um die Aufmerksamkeit des Publikums zu steigern oder um ihm Zeit zum Verarbeiten des Gehörten geben.

→ Immer Blickkontakt zu den Zuhörern halten, d.h. möglichst frei sprechen (evtl. Moderationskärtchen verwenden).

→ Laut, deutlich, langsam und dem Publikum zugewandt sprechen.

→ Körpersprache, Mimik und Gestik einsetzen, um Wichtiges hervorzuheben.

→ Die Zuhörer ab und zu durch Fragen und persönliche Ansprachen in den Vortrag mit einbeziehen.

→ Auch bei Versprechern oder Störungen die Ruhe bewahren.

→ Am Schluss die Hauptaussagen kurz zusammenfassen und dabei auf den Einstieg Bezug nehmen, um den Vortrag abzurunden.

→ Nach dem Vortrag für ein kritisches Feedback und Fragen zur Verfügung stehen.

Der Lehrer hilft den Gruppen beim Sammeln von Tipps und ergänzt die Sammlung gegebenenfalls. Anschließend hält jedes Gruppenmitglied einen Kurzvortrag (3–5 Minuten), der vom Rest des Teams anhand der Liste beurteilt wird.

Hinweis
Bei dieser Methode liegt der Schwerpunkt nicht auf dem Inhalt des Vortrages, sondern auf der Präsentation an sich. Schüler sollten das Vortragen häufig zusammen mit anderen proben, um eine gewisse Sicherheit im freien Sprechen zu erwerben.

Pressekonferenz

Alter
14–19 Jahre

Dauer
90 Minuten

Ziel
Informationen präsentieren

Beschreibung

Schüler sollten das freie Sprechen vor anderen häufig üben, um darin an Sicherheit zu gewinnen. Diese Methode eignet sich dafür gut, denn sie verknüpft das Vortragen mit einem kleinen Rollenspiel. Die Schüler sollen sich in die Rolle von Wissenschaftlern oder anderen Experten eines Sachgebietes hineinversetzen.

Auf einer Pressekonferenz präsentieren sie einem interessierten Publikum dann die Informationen, die sie zuvor im Unterricht erarbeitet haben.

Zunächst besprechen die Schüler im Plenum, welche Figuren bei der Konferenz Auskunft geben können und welche Bereiche des Lerngegenstandes von den einzelnen Personen abgedeckt werden.

Dann teilen sich die Schüler in zwei große Gruppen auf. Eine dieser Gruppen bildet noch einmal mehrere Untergruppen. Jedes dieser Teams bearbeitet einen der zuvor benannten Bereiche des Themas. Dazu haben die Teams etwa 30 Minuten Zeit. Ein Gruppensprecher soll anschließend die Ergebnisse auf der Konferenz präsentieren. Die zweite Großgruppe bildet das Publikum – die Medienvertreter. Die Schüler in diesem Team überlegen sich Fragen, die zu der Perspektive einer bestimmten Person (z.B. Klatschreporter) passen. Die anschließende Pressekonferenz kann folgendermaßen ablaufen:

1. Die Experten begrüßen das Publikum und informieren der Reihe nach über ihr Thema.
2. Das Publikum richtet Fragen an die einzelnen Personen.
3. Die Fragen werden beantwortet oder – falls nötig – als Anlass für eine kontroverse Diskussion genommen.
4. Die Experten verabschieden sich und danken dem Publikum für sein Kommen.

Der Lehrer macht sich währenddessen Notizen. Anschließend wird der Verlauf der Konferenz im Plenum besprochen.

Variante

- ➡ Die Pressekonferenz wird mit einer Kamera aufgezeichnet. So kann sie anschließend detaillierter besprochen werden.
- ➡ Das Publikum erhält von den Gruppen vorbereitete Presseerklärungen.

Hinweis

Der Raum sollte entsprechend gestaltet werden. Die Fachleute stehen an einem Pult oder sitzen an Tischen, die Medienvertreter sitzen ihnen gegenüber.

Alter
10 – 19 Jahre

Dauer
90 Minuten – mehrere Tage

Material
Informationsmaterial, Computer mit Multimedia-Ausstattung und Druckmöglichkeit sowie Internetzugang, Stellwände, Tische, Dekomaterialien

Ziel
multimediale Informationsmaterialien präsentieren

Beschreibung

Die Schüler präsentieren die Ergebnisse ihrer Erarbeitungsphase in Form eines Themenbasars. Sie gestalten das Klassenzimmer oder einen größeren Raum als eine Art „Wissensbasar", der alle Sinne des Besuchers anregen soll. Das bedeutet, dass vielfältige Informationen zu unterschiedlichen Themen in möglichst multimedialer Form dargestellt werden. Folgende Darstellungsformen sind möglich:

→ Collagen
→ (selbstgedrehte) Filme
→ PowerPoint-Präsentationen
→ (selbstgeschossene) Fotos
→ (selbstentwickelte) Spiele
→ (selbstentwickelte) Internetseiten
→ (selbstproduzierte) Hörbücher oder Musik etc.

Auf dekorierten Tischen oder Stellwänden werden die Informationen dargeboten. Dann werden Parallelklassen oder außerschulische Gruppen als Besucher eingeladen. Die Schüler stehen ihnen als Experten während ihres Rundgangs durch den Themenbasar für weitere Auskünfte zur Verfügung. Damit „Basaratmosphäre" entsteht, sollen die Schüler ihr Publikum gezielt ansprechen und um seine Aufmerksamkeit buhlen.

Variante

Die Besucher des Basars erhalten einen Quiz-Fragebogen, den sie beantworten und abgeben können (s. dazu Methode 90: Präsentieren mit Arbeitsblättern). Der Gewinner erhält ein Preis.

Hinweis

- ⇒ Am besten steht ein großer Raum (z.B. die Aula) zur Verfügung, wo der Basar über einen längeren Zeitraum besichtigt werden kann.
- ⇒ Im Basar soll eine lebhafte Atmosphäre herrschen. Entsprechende Hintergrundmusik kann dies noch unterstützen.

Alter
10 – 19 Jahre

Dauer
45 Minuten

Material
Blätter für Notizen, evtl. Kamera, Pappkarton, Malfarben

Ziel
Informationen in Form einer Nachrichtensendung präsentieren

Beschreibung

Die Präsentation der Informationen durch die Schüler soll sich am Format einer
Nachrichtensendung orientieren. Die Schüler sehen sich zunächst unterschiedliche
Sendungen dieses Formates an und erarbeiten gemeinsam ihre charakteristischen
Merkmale und ihren Aufbau. Dann werden die erarbeiteten Lerninhalte im Ple-
num in einzelne Themenblöcke aufgeteilt. Anschließend bearbeiten die Schüler
in Gruppenarbeit diese zu einzelnen Beiträgen, zu Reportagen, Live-Interviews,
Kommentaren oder Berichten von Korrespondenten. Nachdem alle Beiträge fertig-
gestellt wurden, verfassen die Gruppen noch einen Moderationstext, mit dem ein
Schüler – der Nachrichtensprecher – später den Beitrag anmoderieren kann.
Anschließend wird die Nachrichtensendung „ausgestrahlt":

1. Der Sprecher begrüßt das Publikum und moderiert den ersten Beitrag an.
2. Der (die) Sprecher der ersten Gruppe spricht (sprechen) den ersten Beitrag.
3. Der Sprecher leitet zum nächsten Beitrag über.
4. Die nächste Gruppe spricht ihren Beitrag usw.

Ziel ist es, Informationen möglichst unterhaltsam und abwechslungsreich zu präsentieren. Dabei können die Gruppen auch Bilder oder Geräusche von CD etc. einsetzen.

Hinweis

Die Schüler können aus Pappkarton den Rahmen eines Fernsehers und
Hintergrunddekorationen für „Live-Schaltungen" basteln.

Alter
14 – 19 Jahre

Dauer
45 Minuten

Material
Informationsmaterialien, Realien, Kärtchen

Ziel
in Form einer „Reise" durch ein Thema führen

Beschreibung
Die Schüler versetzen sich bei der Präsentation in die Situation eines Reiseleiters, der den Zuhörer auf eine Themenreise mitnimmt. Dazu bauen sie im Klassenraum unterschiedliche Stationen mit Informationsmaterialien auf (z.B. Pflanzen, Bilder, Fotos und Texte zum Thema „Amazonasgebiet").

Beim anschließenden Vortrag bleibt der Schüler also nicht, wie sonst üblich, vor der Klasse relativ statisch stehen, sondern führt sie als Gruppe durch den Raum, während er sein Thema anhand der einzelnen Stationen vorstellt. Mit Stichpunkten versehene Kärtchen helfen dem „Reiseleiter" dabei, den roten Faden nicht zu verlieren. Anders als beim sachlichen Vortrag, dürfen die Schüler hier auch interessante Details oder Anekdoten zum Thema zum Besten geben. Die Reise durch das Thema soll unterhaltsam sein und das Publikum für das Sachgebiet begeistern.

Hinweis
Der Rest der Klasse – einschließlich des Lehrers – übernimmt die Rolle einer interessierten Reisegruppe, die nicht nur zuhört, sondern während des Vortrages auch Fragen stellen darf.

 **Präsentieren mit Stellwänden**

 Alter
10 – 19 Jahre

 Dauer
20 – 30 Minuten

 Material
Stellwände, Pinnnadeln, Papier, Stifte, evtl. Kärtchen, Fotos, Bilder

 Ziel
eine Stellwand für eine Präsentation nutzen

Beschreibung

Die Schüler nutzen während der Präsentation eine Stellwand, um Sachverhalte und Zusammenhänge anschaulich zu entwickeln und darzustellen. Stellwände sind auf Grund ihrer Größe gut als Präsentationsfläche geeignet. Mit Pinnnadeln lassen sich daran problemlos Bilder, Kärtchen, Blätter mit Grafiken etc. anbringen. Da alle Elemente variabel versetzbar sind, kann der Schüler damit auch z.B. Entwicklungen oder komplexe Abläufe Schritt für Schritt darstellen. Das Material, das dabei zum Einsatz kommen soll, sollte vor dem Vortrag kurz erprobt werden. Wird die Stellwand außerdem mit Packpapier bespannt, kann sie während des Vortrages sogar beschrieben werden (s. dazu Methode 86).
Ein Vorteil der Stellwand ist auch, dass sie nach dem Vortrag evtl. weiterhin im Klassenraum stehen bleiben kann. So kann im weiteren Unterrichtsverlauf auf die darauf dargestellten Inhalte Bezug genommen werden.
In Gruppen sollten die Schüler den Umgang mit der Stellwand üben und sich gegenseitig Tipps für den gelungenen Einsatz bei einer Präsentation geben.

Hinweis

⇥ Mehrere Pinnwände gleichzeitig bieten vielfältige Präsentationsmöglichkeiten.
⇥ Ein Vorrat an Pinnnadeln lässt sich in den oberen beiden Ecken sammeln, sodass sie stets griffbereit sind und die Hände frei bleiben.

Tipps für einen unvergesslichen Vortrag

➜ Bleibe spontan, und vertraue auf deine Eingebung. Eine Vorbereitung ist nicht notwendig.

➜ Achte auf ein auffälliges Äußeres. Das lenkt vom Thema ab.

➜ Beginne sofort mit dem Thema, und konfrontiere die Zuhörer mit komplizierten Details und Fachbegriffen, die nicht einmal du selbst verstehst.

➜ Sprich am besten sehr laut, dann bleibt dein Publikum auch wach.

➜ Meide den Blickkontakt mit den Zuhörern. Vielleicht könnte dich ein Blick treffen und verwirren. Drehe ihnen auch ruhig ab und zu den Rücken zu, während du sprichst.

➜ Formuliere komplizierte Satzgebilde, damit unterstreichst du deine Sachkenntnis. Vor allem Schachtelsätze kommen gut an. Du beherrschst ja schließlich die Grammatik.

➜ Verwende möglichst in jedem Satz ein Fremdwort. Wer es nicht versteht, ist selbst schuld.

➜ Medien zur Veranschaulichung sind überflüssig. Vertraue ganz auf die Wirkung deiner Stimme und deines Körpereinsatzes.

➜ Zitiere seitenweise aus Büchern. Man soll schließlich merken, dass du belesen bist.

➜ Formuliere ab und zu unvollständige oder unsinnige Sätze. An der Reaktion des Publikums merkst du, ob es noch bei der Sache ist.

➜ Falls das Publikum sich langweilt und Einzelne vielleicht schon dösen, greife zur Trillerpfeife. Das wirkt immer!

➜ Halte dich nicht an Vorgaben in Hinblick auf deine Redezeit. Ein kompliziertes Thema lässt sich zeitlich nicht einschränken.

➜ Wenn du merkst, dass sich jemand langweilt: Sprich ihn direkt an oder fordere ihn auf, den Raum zu verlassen.

➜ Aufmerksamkeit erzeugst du auch, wenn du unentwegt durch den Raum läufst.

➜ Setze ans Ende deines Vortrages als krönenden Abschluss die Aufforderung, das eben Gehörte wegen seiner Bedeutungslosigkeit schnell wieder zu vergessen.

Literatur- und Internettipps

Literaturtipps:

Breit, Gotthard et al.:
Methodentraining für den Politikunterricht II.
Wochenschau, 2006.
ISBN 978-3-8997-4238-1

Brenner, Kira; Brenner, Gerd:
Fundgrube Methoden 1.
Für alle Fächer.
Cornelsen Scriptor, 2005.
ISBN 978-3-5892-2149-3

Groß, Harald et al.:
Munterrichtsmethoden.
22 aktivierende Lehrmethoden
für die Seminarpraxis.
Gert Schilling, 2006.
ISBN 978-3-9308-1618-7

Mattes, Wolfgang:
Methoden für den Unterricht.
Schöningh, 2002.
ISBN 978-3-1402-3815-1

Meyer, Hilbert:
UnterrichtsMethoden.
II: Praxisband.
Cornelsen, 2003.
ISBN 978-3-5892-0851-7

Niehl, Franz. W.; Thömmes, Arthur:
212 Methoden für den Religionsunterricht.
Kösel, 2006.
ISBN 978-3-4663-6507-4

Rachow, Axel:
Sichtbar.
Die besten Visualisierungs-Tipps
für Präsentation und Training.
managerSeminare, 2006.
ISBN 978-3-9360-7513-7

Thömmes, Arthur:
Unterrichtseinheiten erfolgreich abschließen. 100 ergebnisorientierte
Methoden für die Sek.
Verlag an der Ruhr, 2006.
ISBN 978-3-8346-0153-7

Thömmes, Arthur:
Produktive Unterrichtseinstiege.
100 motivierende Methoden
für die Sekundarstufen.
Verlag an der Ruhr, 2006.
ISBN 978-3-8346-0022-6

Linktipps:

www.fundgrube-religionsunterricht.de
Eine kreative Fundgrube nicht nur für
Religionslehrer.

**www.sowi-online.de/methoden/
methoden-ol.htm**
Methodensammlung v.a. für sozialwissen-
schaftliche Fächer.

**www.learn-line.nrw.de/angebote/
methodensammlung/liste.php**
Eine umfassende Methodensammlung für
schulische und außerschulische Bildungs-
arbeit.

Die in diesem Werk angegebenen Internetadressen haben wir geprüft (Stand August
2010). Da sich Internetadressen und deren
Inhalte schnell verändern können, ist nicht
auszuschließen, dass unter einer Adresse
inzwischen ein ganz anderer Inhalt angeboten wird. Wir können daher für die
angegebenen Internetseiten keine Verant-
wortung übernehmen.

Verlag
an der Ruhr

Postfach 10 22 51
45422 Mülheim an der Ruhr

Telefon 030/89 785 235
Fax 030/89 785 578

bestellungen@cornelsen-schulverlage.de
www.verlagruhr.de

Eine Schule für alle
Inklusion umsetzen in der Sekundarstufe
mittendrin e.V. (Hrsg.)

■ **Eine Schule für alle**

Inklusion umsetzen in der Sekundarstufe
Kl. 5–13, 359 S., 16 x 23 cm, Paperback,
farbig, mit Download-Angebot
ISBN 978-3-8346-0891-8

■ **„Unsere Tochter nimmt nicht am Schwimmunterricht teil!"**

50 religiös-kulturelle Konfliktfälle
in der Schule und wie man ihnen
begegnet
Für alle Schulstufen, 192 S.,
16 x 23 cm, Paperback, farbig
ISBN 978-3-8346-0969-4

■ **Mit digitalen Medien den Schulalltag optimieren**

66 praktische Ideen für Selbstorganisation und Unterricht
Für alle Schulstufen, 152 S.,
16 x 23 cm, Paperback, farbig
ISBN 978-3-8346-0968-7

■ **Wie Sie Ihre Pappenheimer im Griff haben**

Verhaltensmanagement
in der Klasse
Für alle Schulstufen, 292 S.,
16 x 23 cm, Paperback
ISBN 978-3-8346-0756-0

Strategien • Tipps • Praxishilfen